Hans-Erich Kirsch

Jedes Jahr, wenn der Kuckuck ruft

Poesie, Geschichten, Erinnerungen

aus dem Bohnental

Bibliografische Information in Der Deutschen Bibliothek
Die Deutsche Bibliothek verzeichnet diese Publikation in Der Deutschen Nationalbibliografie;
detaillierte bibliografische Daten sind im Internet über http://dnb.ddb.de abrufbar.

edition Wort
Blumenstraße 1
D-66636 Tholey - Hasborn

Tel.: +49 (0)6853 86 13 66

www.edition-wort.de
verlag@edition-wort.de

Satz / Umschlag by edition Wort

Hergestellt in Deutschland

Gedruckt auf 90g-Qualitätspapier,
säure-, holz- und chlorfrei
und alterungsbeständig nach ISO 9706

Schrift: Garamond

ISBN 978-3-936554-39-7

Hans-Erich Kirsch

Jedes Jahr, wenn der Kuckuck ruft

Poesie, Geschichten, Erinnerungen

aus dem Bohnental

Licht und Schatten im Tal

Wie an allen Orten der Welt und zu allen Zeiten die Menschen zwei Seiten haben, so auch hier im Bohnental zu meinen Lebzeiten. Immer und überall gibt es in allen Menschen eine helle und eine dunkle, eine Licht- und eine Schattenseite.
In diesem Buch habe ich mehr Gewicht auf die helle, die lichte, auf die Lichtseite in uns Menschen gelegt.
Deshalb könnte man dem hier vorgelegten Werk „Jedes Jahr, wenn der Kuckuck ruft“ den Untertitel „Licht im Tal“ geben.

Hans-Erich Kirsch

Dorf im Bohnental, den 22. Januar 2008

Meiner „Oma Käthchen“ gewidmet

Dieses Buch wurde gefördert mit Mitteln
der Gemeinde Schmelz und der Gemeinde Tholey, sowie
des Ministeriums für Bildung, Familie, Frauen und Kultur.

Jedes Jahr, wenn der Kuckuck ruft

Oft mag der Autor die Gelegenheit haben, die Arbeiten, die er für die besten hält, überlegen herauszugeben und sie für die Öffentlichkeit zu fördern.
Ich gratuliere Herrn Hans-Erich Kirsch für seinen Mut, mit seinem Können literarische Heimatbilder zu entwerfen und zu gestalten.
Wer die Geschichten liest, ist betroffen.
Die Geschichten sind interessant.
Ich habe sie gern gelesen.

Ich wünsche dem Werk viele Leser.

Johannes Kühn

Hasborn, den 5. Januar 2009

Jedes Jahr, wenn der Kuckuck ruft

Fast alle Texte dieses Buches sind heimatbezogen.
Natur und Menschen im Bohnental, der Heimat von Hans-Erich Kirsch, werden treffend charakterisiert.
In den Texten der Kindheitserinnerungen werden die Verhältnisse und die Arbeitsweisen in der Landwirtschaft der 60er Jahre des 20. Jahrhunderts dargestellt.
Die Texte zu den Wanderungen lassen den Leser alles so miterleben, als nähme er direkt daran teil. Dabei beschränkt sich Herr Kirsch nicht nur auf die objektive Betrachtung der Landschaft, sondern lässt auch sein Denken und Empfinden mit einfließen.
Hans-Erich Kirsch nimmt auch Stellung zu aktuellen Themen wie dem Klimawandel.
Seine lyrischen Texte lassen die Behutsamkeit und Zärtlichkeit gegenüber allem Lebendigen erkennen.
In den religionsbezogenen Texten wird deutlich, dass seine Religiosität in die mystische Dimension hinein reicht.
Das Werk weist eine hohe sprachliche Qualität auf.
„Jedes Jahr, wenn der Kuckuck ruft" zeichnet den Verfasser, Hans-Erich Kirsch, als guten Botschafter seiner Heimat aus.

Eugen Dahlem

Leiter der Gemeindebücherei Dorf im Bohnental

Dorf im Bohnental, den 25. November 2008

Erster Teil

Auf Omas Schoß

In der Zeit des Jahrs, in der die Tage kurz und die Nächte lang sind und der Wind sausend und pfeifend ums Haus braust, ging ich gern zu meiner Großmutter in die warme Stube, um bei ihr die Erfahrung von Zuwendung und Geborgenheit zu machen.
Oma löschte dann die Lichter, stellte einen Stuhl an den Ofen, öffnete die Ofentür und nahm mich auf ihren Schoß. Zwei Äpfel hatte sie bereits auf die heiße Herdplatte gelegt, um sie zu braten, einen für mich und einen für sich.
Der Schein des Feuers warf sein flackerndes Licht in die Esszimmerküche, so dass daraus ein lebendiges Schattenspiel entstand, das ein wenig unheimlich gewirkt hätte, wenn ich mich bei meiner Großmutter nicht so sicher und so heimelig und vor allem so geliebt gefühlt hätte.
Bevor sie begann mir Märchen zu erzählen und die Gedichte aufzusagen, die sie in ihrer lange zurückliegenden Schulzeit gelernt hatte, fragte sie mich nach meinem Befinden, ob mir etwas fehle und ob ich etwas auf dem Herzen hätte.
Erst nachdem sie sich davon überzeugt hatte, dass alles in Ordnung mit mir war, begann sie mit dem Erzählen und Vortragen.
Ich hörte aufmerksam und gespannt zu, lauschte fast andächtig ihren Worten.
Damals, auf Omas Schoß, wurde bereits der Grundstein gelegt für meine dichterische und schriftstellerische Betätigung.
Während ich von ihr für mein späteres Leben lernte, schmiegte ich mich an sie und sie streichelte mir liebevoll und zärtlich über meinen Kopf.
Manchmal strich auch die Katze schnurrend um meine Beine. Auch sie fühlte sich wohl und sicher bei meiner Großmutter.
„Hans-Erich, die Äpfel sind gar", sagte sie am Ende ihrer Geschichten, Märchen und Gedichte.

Sie stellte zwei Teller auf den Küchentisch, legte Essbesteck dazu und dann ließen wir uns die gebratenen Äpfel schmecken.
Gelegentlich kam es auch vor, dass ich von meinen Eltern wegen eines Jungenstreichs bestraft worden war und deshalb traurig und bekümmert meine Oma aufgesucht hatte. Bei meiner Großmutter fand ich immer Trost und Zuspruch. Sie war mir eine Quelle des Lebensmuts, der Lebenskraft und der Lebensfreude.
Auf Omas Schoß war die Welt wieder in Ordnung.
Die beste, wirksamste und heilsamste Psychotherapie erhielt ich als vertrauliche Liebesgabe auf Omas Schoß.

Kinderfasching in Dorf anno 1967

Unsere Mutter malte mit Schminkfarben einen Schnurrbart auf Michaels Oberlippe, mein Gesicht bestrich sie mit Farbpaste rötlich braun. Er war ein Bleichgesicht, ich eine Rothaut, ein stolzer Indianerhäuptling mit Federschmuck auf dem Kopf.
Kaum war Mutter mit dem Bemalen fertig, als ein Revolver und eine Peitsche knallten.
„Josef und Ludwin sind schon da", rief ich meinem Bruder zu, rannte zur Haustür und öffnete sie.
Ein Schwall eisig kalter Luft drang wie eine unsichtbare Lawine in unseren Flur.
Im dichten Schneetreiben standen „Zorro Josef" und „Cowboy Ludwin". Ihre Kostüme kontrastierten deutlich zur dicken, weißen Schneedecke, die das Dorf und die landschaftliche Umgebung in ein prachtvolles Winterkleid hüllte. Wir begrüßten uns laut und übermütig, schwangen unsere Waffen im Spiel, wobei wir mal grimmig dreinschauten, mal lachten. Zorro und ich gehörten zu den wenigen Außenseitern, die keine Cowboys waren.

Michael und Ludwin schlossen sich der Seite der „Weißen“ an, die aus allen Richtungen herbei kamen und sich zueinander gesellten. Dann zogen wir los zum Kindermaskenball im großen Gasthaussaal, wo es hoch, laut und lustig herging. Wir tranken Limonade und aßen Kartoffelchips und Salzstangen dazu. Nach der Veranstaltung durften wir uns an der Bude, die vor dem Gasthaus stand, eine Rostwurst kaufen, die wir hungrig und genüsslich verzehrten.
Es war schon dunkel, als wir müde und erschöpft nach Hause kamen. Fernseher, Handys und Computer brauchten wir nicht. Wir waren glückliche Kinder.
In der folgenden Nacht träumte ich von Winnetou, Old Shatterhand und Nschotschi und freute mich am nächsten Morgen über die dicken Eisblumen am Schlafzimmerfenster.
„Michael, heute ist Schlittschuhwetter“, sagte ich frohgemut zu meinem Bruder, der gerade mit einem tiefen, langen und geräuschvollen Gähnen wach geworden war.

Weihnachtswetter in der ersten Märzwoche

Heute morgen nach dem Aufstehn schau ich aus dem Fenster, und mein erster Gedanke lautet:
„Der Märzbeginn 2006 ist merkwürdig, wert und würdig vermerkt zu werden in einem poetischen Text.“
Die Kinder stehen an den Haltestellen, doch warten sie vergebens auf die Ankunft der Busse.
Nach einer halben Stunde vorgeschriebenen Ausharrens in Ungeduld, denken sie für sich, denn laut sagen dürfen sie's nicht mehr in unserer Zeit, in der nur Leistung zählt und wie Pferdestärken gemessen wird:
„Petrus sei Dank, ein schulfreier Tag!“ Den Kindern gelingt es kaum, beim Heimgehen ihre Freude nicht zu zeigen und ihre Beine am Hüpfen zu hindern.

Ich schippe den dicken Neuschnee vom Bürgersteig und währenddessen singt der Amselmann sein Balzlied vom Gipfel der Weide, die im Garten meiner Mutter steht mit schwer beladnen Ästen.
Dann setzt wieder Schneefall ein, und der kleine schwarze Herr in der Baumkrone ist verdutzt und verwirrt. Er schweigt vorsichtshalber zunächst mal wieder still.
Stumm bläht er auf sein Gefieder, als wollte er sagen: „Ich versteh die Welt nicht mehr und das Wechselbad meiner Gefühle!" Nach dem Schippen trinke ich meinen zweiten Morgenkaffe und sage zu meiner Frau:
„Ein solches Wetter könnten der Nikolaus und das Christkind mal wieder gebrauchen."
Noch sechs Wochen fasten, dann kommt der Osterhase.
Der hält in den Wind seine Nase und murmelt vor sich hin: „So alt bin ich, dass meine Urenkel bald groß sind, doch lernt man nie aus. Einstellen muss sich mein Nachfolger in seinem Beruf auf den Klimawandel."
Eine dicke Schneeflocke zergeht auf einem seiner Brillengläser und fällt als Wassertropfen zu Boden.
Die Schneeglöckchen tragen schwere Lasten unter der dicken Decke und ringen um Licht und Luft.
Schockiert ziehn sich die Krokusse wieder zurück in den Mutterschoß der Erde.

22. März 2007

Den Frühlingsanfang markierte gestern das Kalenderblatt wie eine frohe Botschaft der Wiederkehr von Wärme, Licht und Leben. Doch in der letzten Nacht hielt der Winter Einzug, hoch verspätet und außer seiner Zeit.
Die Bundesstraße muss der Schneepflug räumen, der schon gerostet war vom langen Stehn. Als nutzlos und nicht mehr zeitgemäß hätte man ihn fast abgeschrieben.
Wer nicht das Tagesdatum kennt, singt Weihnachtslieder, als wäre nach der stillen, heiligen Nacht der erste Feiertag des Christfests angebrochen heute Morgen.
Stumm sind die Vögel geworden, die schon Hochzeit hatten und zwitscherten, trällerten und jubilierten vor Glück.
Ihre Freudengesänge hielt man für den sicheren Sieg des Frühlings über den strengen König des Frostes.
Die kleinen gefiederten Freunde trauen verwirrt sich selbst nicht mehr. Sie fühlen sich überrumpelt und wirken traurig, verunsichert und entgeistert.
Die Schulkinder hingegen freuen sich quietschvergnügt am seltsamen Wetter.
An den Bushaltestellen machen sie Schneeballschlachten und lachen vor Lebenslust überglücklich und laut.
Endlich haben sie bekommen, was ihnen lange fehlte, ermangelte so sehr. Die Erwachsenen schippen die Bürgersteige frei und kommen miteinander ins Gespräch.
„Jetzt hätten wir so etwas nicht mehr gebraucht, so ein Sauwetter. Alles steht auf dem Kopf. Man verwechselt ja Ostern mit Weihnachten“, beschweren sie sich.
Es ist nun Zeit, mit meinem Hund hinaus zu gehen.
Kaum habe ich die Haustür geöffnet, reißt er sich los und tollt dermaßen froh im Schnee, dass es gar lustig aussieht und ich lachen muss.
Er ist von seiner Rasse her ein Schweizer Hütehund, der sich im Schnee zu Hause fühlt und ganz in seinem Element.
Nur kam die weiße Bescherung zu einer völlig falschen Zeit

im Jahr für uns, ihm jedoch gerade recht. Ein merkwürdiges Datum ist der heutige Tag mit seiner markanten Wetterüberraschung, ein Datum zum Merken.

„Klimawandel"

Heute, am Ostermontag, bin ich früh aufgestanden. Noch verschlafen, noch nicht ganz bei mir selbst, öffne ich die Jalousie am Schlafzimmerfenster und schaue hinaus. Das ganze Dorf ist in ein weißes Winterkleid eingehüllt und dichtes Schneetreiben stöbert durch die Straßen und um die Häuser. Ich bin verwirrt und frage mich, ob ich vielleicht noch schlafe und von Weihnachten träume.

Doch dann betrete ich die Küche und sehe Ostereier, Osterhasen aus Schokolade und den Osterkranz auf dem Tisch stehen. Also bin ich doch wach, denke ich, schaue zur Sicherheit aber auf den Kalender, der tatsächlich den März als Monatsblatt anzeigt.

„Ist heute Ostermontag, der 24.März 2008", frage ich meine Freundin. Misstrauisch schaut sie mich an, als dächte sie, bei mir wäre in meinem Dachstübchen etwas nicht in Ordnung, und erwidert:

„Was soll denn sonst für ein Tag sein, denkst du etwa, es wäre Weihnachten?"

Ich setze mich an den Tisch, trinke Kaffee und frühstücke, verrichte daraufhin meine Morgentoilette und ziehe mich dann an. Anschließend nehme ich unseren Hund an die Leine und gehe mit ihm durch den Ort hinauf über den Dorfer und den Lindscheider Berg in Richtung Langheck.

Als ich von der Höhe ins Bohnental hinabschaue, überblicke ich unter uns ein Landschaftsbild, in das unsere Heimatdörfer wie weiß gestrichene Schmuckstücke eingebettet sind und das als Foto ideal auf eine Weihnachtspostkarte passen würde.

Dann trete ich mit meinem vierbeinigen Freund in den Wald der Langheck ein.
Nach einer Viertelstunde kommt mir unwillkürlich ein Vers aus einem Nikolausgedicht in den Sinn: „Von draußen vom Walde, da komm' ich her, ich muss euch sagen, es weihnachtet sehr."
Gleichzeitig aber zwitschern die Vögel ihr vielstimmiges Konzert so frühlingshaft, dass ich für mich sinniere: Ganz schön schizophren ist das Wetter in unserer heutigen Zeit!
Als wir nach fast zwei Stunden wieder zurück ins Dorf kommen und dann auch bald wieder in unserer Wohnung angelangt sind, greife ich zum Telefon und rufe meine Mutter an.
„Frohe Weihnachtsostern, Mama", sage ich, nachdem sie abgehoben hat. „Frohe Osterweihnachten, habt ihr eure Eier im Schnee gefunden?", entgegnet sie mit einem etwas seltsamen, unsicheren Lachen.
So beschrieb ich Ostern 2008.
Doch das Weihnachtswetter zu Ostern setzte noch keineswegs dem Winter 2007/08 sein Ende.
Erst im letzten Drittel des April sagte er „Ade" und schied dann von uns zur Zeit des Heckenblühens. In den Kneipen wird darüber diskutiert. Die Einen behaupten, dass ungewöhnliche Wetterverhältnisse wie anno 2008 im Rahmen des Normalen lägen.
Nach ihrer Auffassung hätte es schon immer solche Überlappungen der Jahreszeiten gegeben.
Die Anderen halten entgegen, man müsse klar erkennbar von einem Klimawandel ausgehen.
An Ostern 2008 ging ich am Nachmittag in ein Gasthaus meines Heimattals und schloss mich der Seite derer an, die ihre Erklärung in einem Wort zusammenfassen konnten: „Klimawandel."

Mariä Lichtmess

Nebel füllt am Morgen noch dicht und schwer das Dorf im Tal. Doch bald schon hebt er sich, weicht den Sonnenstrahlen, die hell und warm den Umkreis durchlichten bis zum Horizont. Besiegt vom Hellen, flieht das Dunkle immer mehr. Erlegen ist die Nacht dem Tag.
Die Lichtflut hat gewonnen gegen die Schattenmacht der Finsternis. Erstarkt scheint die Sonne am Mittag, den die Glocke einläutet mit lebendigem Freudenklang.
Mit einem Seufzer atme ich erleichtert auf, mein Herz wird wieder freier und weiter meine Brust. Die tröstenden Glühbirnchen in den Fenstern der Häuser ersetzt nun der länger werdende Lichttag mit Frühlingsnähe und der Vorfreude auf die Auferstehung des Lebens vom Todesschlaf. Eingeleitet ist im Kreislauf der Natur die Wende zum Licht.

Unliebsame Begegnung mit einem Schaf

Onkel Johann und Tante Adelheid wohnten am Dorfer Mühlenberg. Als wir noch klein waren, statteten mein Bruder und ich ihnen fast täglich einen Besuch ab.
Nun war gerade die Zeit im Jahr, in der die Schafe Lämmer führten. Da Tierkinder es mir schon immer angetan hatten, fragte ich die Tante: „Tante Adelheid, wo habt ihr denn eure Lämmchen?“ Sie antwortete: „Das Schaf steht mit seinen zwei Jungen im Stall. Willst du die Schäfchen sehen?“
Ich bejahte begeistert.
Die gute Frau nahm mich an der Hand und ging mit mir über die geschotterte Straße zum Stall.
Als wir eingetreten waren, war ich sofort hin und weg.
Die Lämmchen nuckelten gerade am Euter ihrer Mutter.
Nachdem sie mit dem Trinken fertig waren, ging ich auf die Schafskinder zu, um sie zu streicheln.

Der argwöhnische Blick des Mutterschafs war mir entgangen.
Kaum hatte ich die Hand zum Kraulen und Liebkosen ausgestreckt, als die Schafmutter ganz plötzlich und blitzschnell den Kopf senkte und mich überrannte.
Ich lag schockiert und entsetzt auf dem Stallboden im Schafsmist und brauchte ein paar Sekunden, bis mir bewusst wurde, was passiert war.
Nachdem ich zu mir gekommen war, fing ich an bitterlich zu weinen und zu schluchzen.
Die gute Tante Adelheid richtete mich auf, klopfte meine Kleider mit den Händen ab, streichelte mir über den Kopf und tröstete mich. Als ich mich ausgeweint und wieder einigermaßen beruhigt hatte, erklärte sie mir verständnisvoll und warmherzig: „Hans-Erich, sei dem Schaf nicht böse. Es hat seine Kinder genauso lieb wie deine Mama dich. Weil es Angst hatte, du würdest seinen Kleinen etwas antun, hat es sie verteidigt. Es wusste ja nicht, dass du auch ein Kind bist und seine Lämmchen nur streicheln wolltest."
Schon als Junge war ich verständig und war deshalb mit Tante Adelheids Erklärung zufrieden gestellt.
Ich war nicht nachtragend, hegte keinen Groll und verzieh dem Schaf.

Attacke einer Glucke

Es war an einem sonnigen, warmen Karfreitag, als ich vor unserem Haus nach einer Gelegenheit zum Spielen suchte.
Ich war ein kleiner Bub im Vorschulalter, der aber schon in die Schule des Lebens ging und kurz davor stand, erneut eine wichtige Lektion erteilt zu bekommen.
Mein Patenonkel kam zu mir und sprach mich an: „Hans-Erich, hast du schon unsere kleinen Küken gesehen? Komm, ich zeige sie dir!"

Er ging mit mir auf die Wiese des Nachbargrundstücks, blieb nach ein paar Metern stehen und sagte zu mir: „Da vorn ist die Henne mit ihren zwölf Kindern."

Ich sah, wie die Glucke im Gras scharrte, um sich ihre Küken versammelt, die ihr auf Schritt und Tritt folgten und nach den von ihrer Mutter ausgegrabenen Larven und Würmern pickten.

Wie niedlich diese gelben, kleinen, flauschigen Knäuelchen aussahen! Ich war ganz hingerissen von ihnen. Zu gern hätte ich einmal eines von den Kleinen in meinen Händen gehalten und gestreichelt. Vom Wunsch bis zur Ausführung war es nicht weit. Ich ging also, ohne mir einer Gefahr bewusst zu sein, auf die piependen kleinen Hühnchen zu, wollte mich gerade bücken, um nach einem von ihnen zu greifen, als die Glucke mir wie von Sinnen ins Gesicht sprang, wie wild mit den Flügeln schlug und mich mit dem Schnabel und mit den langen, bekrallten Zehen attackierte. Ich erschrak fast zu Tode und stieß einen Schrei des Entsetzens aus. Mein Patenonkel, der schon wieder bei seiner Arbeit war, hörte meinen Schrei und kam wie der Blitz herbei gerannt, um mir in meiner Not beizustehen.

Er schlug mit der Hand nach der wütenden Hühnermutter und versuchte, sie schimpfend und mit den Armen gestikulierend zu verscheuchen. Einem erwachsenen Menschen war das Huhn unterlegen. Es ließ endlich von mir ab und rannte im Gefolge seiner Kinderschar davon. Als ich zwei Tage später am Morgen des Ostersonntags ein buntes Osterei in die Hand nahm, fragte ich meine Mutter vorsichtshalber zunächst einmal: „Mama, gehört dieses Ei auch der Glucke?" Erst nachdem Mutter meine Frage verständnis- und liebevoll verneint hätte, wagte ich es, das Osterei zu pellen und mit einem immer noch etwas flauen Gefühl im Magen zu verzehren.

Osterfreude meiner Kinderzeit

Für dieses Jahr hatte der Winter endgültig adé gesagt, und unsere Herzen lachten vor Lust und Freude.

Wieder auferstanden war das Leben vom Todesschlaf der Natur. Zeitgleich mit der Auferstehung des Lebens in seiner vollen Pracht war auch Ostern gekommen, das kirchliche Fest der Auferstehung vom Tode.

Wir waren eine junge Familie: Vater, Mutter, mein Bruder und ich. Gestern, am Ostersonntag war der Osterhase bei uns im Garten gewesen und hatte uns Kindern reichlich Ostereier und leckere Sachen aus Schokolade und Marzipan in unsere aus Moos gefertigten Osternester gelegt.

Glückliche Kinder waren wir und auch heute wieder guter Dinge.

Wir freuten uns, als Mutter sagte, „Zieht eure Kleider an, wir machen einen Spaziergang über den Hasenpfad."

Jedes Jahr am Ostermontag gingen wir zusammen über den Hasenpfad auf den Dorfer Berg und dann wieder hinunter über Lindscheid nach Hause.

Dieses Jahr brauchten wir uns nicht dick anzuziehen, denn die Sonne lachte strahlend hell und warm vom blauen Himmelszelt hernieder. Aufwärts gingen wir über den Mühlenberg aus dem Dorf hinaus zum Kirschholzwald.

Von da führte ein Pfad hinauf zur Dorfer Anhöhe, der als der Hasenpfad bekannt. war. Der Hasenpfad schlängelte sich steil bergauf durch ein Hangwäldchen, das von Hecken und dichtem Unterholz durchwachsen war. Dieser Pfad lag auf dem Hauptweg des Osterhasen, den dieser gestern genommen hatte, um die Kinder zu beschenken.

Wegen des vielen Gestrüpps, das den Hasenpfad säumte, blieb eine Menge Leckeres in den Ästen der Hecken hängen. Auch weil er so steil war, fielen dem Osterhasen an dieser Stelle seiner Route gar manche Ostereier aus seiner Hotte, die dann an einem Baumstamm zum Liegen kamen.

Gespannt und aufmerksam suchten mein Bruder und ich

mit unseren Augen die Ränder des Hasenpfads ab und wurden, sehr zu unserer Freude, mehr als ausreichend fündig. Alles, was wir fanden, legten wir in das Tragekörbchen, das unsere Mutter mitgenommen hatte.
Als wir schließlich den Hasenpfad zurückgelegt hatten und auf die Dorfer Höhe kamen, war Mutters Körbchen fast ganz gefüllt. Jetzt gingen wir über den Dorfer Berg und dann am Onkelsberg vorbei hinunter in den Nachbarort Lindscheid.
Von Lindscheid nach Dorf im Bohnental war es nicht mehr weit und wir kamen angenehm erschöpft vom hinauf und hinab und von der frischen Luft heim in unsere gute Stube. Unsere Mutter machte uns warme Milch, zu der mein Bruder und ich unsere süßen Fundsachen genüsslich verzehren durften.
Danach lasen unsere Eltern uns aus dem Evangelium die österliche Geschichte von der Auferstehung Jesu Christi vor. Als sie geendet hatten, stellte ich ihnen eine Frage, die mich schon ziemlich lange beschäftigt hatte.
„Mama und Papa, gab es den Osterhasen auch schon, als der Herrgott noch ein Kind war?", wollte ich wissen.
Meine Eltern schauten sich erstaunt und verdutzt an. Dann räusperte sich meine Mutter und sagte: „Ja, sicher gab es auch damals schon den Osterhasen. Nächstes Jahr seid ihr schon etwas größer und verständiger, dann werde ich euch die Geschichte vom Jesuskind und dem Osterhasen erzählen. Aber jetzt, Zähne putzen, Schlafanzüge anziehen und dann ab ins Bett mit euch!" „Der Ostermontag zählte zu den Freudentagen meiner Kindheit", sage ich nun, 45 Jahre später, zu meiner Freundin, während im Kultursender des Radios die Ostermesse übertragen wird.

Das Jesuskind und der Osterhase

Das neunjährige Jesuskind ging einmal von zu Hause aus und wanderte durch die Landschaft der Umgebung.
Es segnete mit seinem Blick die Tiere, die Bäume und Pflanzen und die Früchte des Feldes.
Als es so einherschritt, begegnete ihm ein Hase.
Weil das Jesuskind mit den Tieren sprechen konnte, fragte es den Hasen, wer er sei und was er tue.
Der Hase antwortete: „Ich bin der Osterhase und ich schenke den Kindern, denen ich begegne, im Frühling ein Osterei als Zeichen für die Auferstehung der Natur vom Winterschlaf und als Symbol der Fruchtbarkeit."
Dann überreichte er dem Jesuskind sein Ei und sprach: „Dieses Osterei soll dir den Sieg des Lebens über den Tod bedeuten. Lasse es dir schmecken."
Das Jesuskind bedankte sich und sagte dann zum Osterhasen: „Ich bin der Weg, die Wahrheit und das Leben."
Dann legte es ihm seine Hand auf den Kopf, um ihn mit heiligem Geist zu erleuchten.
Als der Hase die Berührung des Jesuskinds verspürte, versank er in Glückseligkeit und Heiligkeit und wurde erleuchtet, so dass er das göttliche Wesen des Jesuskinds erkannte.
Er fiel vor dem Gotteskind nieder und betete: „Mir ist offenbart worden, dass du der Sohn Gottes bist und dass jeder, der an dich glaubt, ewiges Leben hat. Von nun an werde ich an Ostern dir zur Ehre den Kindern mit meinen Geschenken verkünden, dass sie ewig leben werden, wenn sie an dich glauben." Das Jesuskind bückte sich und malte dem Hasen mit seinem Finger das Zeichen des Kreuzes auf die Stirn.
Der Hase wurde noch einmal vom heiligen Geist erleuchtet und sah mit seinem geistigen Auge den Leidensweg des Herrn und seinen darauf folgenden Sieg über den Tod in der Auferstehung.
Dann trennten sich die Wege des Osterhasen und des Je-

suskinds. Als Jesus nach Hause kam, fragte seine Mutter: „Kind, wo warst du und was hast du getan?"
Der Herr antwortete seiner Mutter Maria:
„Ich habe den Osterhasen als meinen Jünger erkannt."
Maria verstand den Sinn der Worte in ihrem Herzen und wusste, dass der Osterhase von da an mehr war als nur ein gewöhnlicher Hase. Seit diesem Tag denken die Kinder jedes Jahr, wenn der Osterhase sie besucht, an das ewige Leben, das ihnen im Glauben an die Auferstehung Jesu Christi verheißen wurde.

Ostern

Das innerste Wesen unseres inneren Wesens ist der uns allen und allem eingeborene Sohn Gottes, der innere, der immanente Christus, der auch das Licht der Welt und daher auch der kosmische Christus ist. Wenn im Frühling das Leben in der Natur aufersteht vom Todesschlaf des Winters, feiern wir zeitgleich das Osterfest, die Auferstehung des göttlichen Lebens in uns, die Auferstehung des Christus in uns, der als höchstes Geistlicht des Kosmos, als Logos, unsere abgestumpften und toten Seelen zum göttlichen und ewigen Leben erweckt, das uns allen einwohnt a1s Fülle des Lebens und als heiliger Geist. „Christos anesthe", „Christos ist auferstanden", rufen die Gläubigen der Ostkirche.
„Christus ist auferstanden in mir, in allen und in allem", wollen sie damit in höchster Freude jubeln.
Wer das innere Ostern einmal erlebt hat, wird die Worte des Apostels Paulus verstehen, der sagte: „Nicht ich lebe, sondern Christus lebt in mir."
Wenn der uns allen eingeborene Christus in uns auferstanden ist zum ewigen Leben, leuchten seine Augen durch unsre Augen, schlägt sein Herz, das Herz des Kosmos, in uns, spricht seine Stimme durch uns. Dann handelt Christus in

uns, aus uns und durch uns als die immanente Gottheit, die im heiligen Geist der Liebe eins mit dem Urvater ist.
Wenn unser Ego am Kreuz der Selbstaufgabe gestorben ist, steht Ostern kurz bevor, die Auferstehung des immanenten und kosmischen Christus.

Rundgang durch Kirschholz

Am Montag nach Weißen Sonntag setze ich meinen Hund ins Auto und fahre nach Limbach.
Ich parke mein Fahrzeug am Rand des Kirschholzwaldes, der zwischen dem Limbacher Neubaugebiet. „Vor Kirschholz“ und dem Dorfer Mühlenberg die L145 säumt und den Südhang hinauf bis zur Höhe reicht.
Im Volkslied heißt es „Der Mai ist gekommen, die Bäume schlagen aus“. Dieses Jahr aber sind die Bäume schon jetzt, Mitte April, ausgeschlagen und ausgetrieben mit ihren grünen Blättern.
Ich lasse den Hund aus dem Wagen springen und nehme ihn an die Leine. Gleich darauf treten wir in den Dom des Waldes ein.
Wir gehen ein gutes Stück bis zu einem großen, an der Oberfläche ebenen und ziemlich glatten Felsbrocken, auf den ich mich setze. Ich schaue und lausche.
Die Sonne scheint durch die Baumwipfel ins Waldesinnere und lässt alle Farben in einem einzigartig klaren Licht hell und deutlich, fast überdeutlich leuchten.
Überwiegend Buchen, auch Eichen und andere Gehölze bilden einen natürlichen und naturbelassenen Lebensraum, einen Laubwald, in dem es einfach schön ist und wo ich mich wohl fühle.
Die Temperatur empfinde ich als angenehm und die vielen verschiedenen Vögel singen, dass es eine wahre Freude ist.
Nun erhebe ich mich vom Stein und wir schreiten weiter,

mein Hund voran.
Dann gehen wir auf dem Rundweg eine Schleife nach rechts, um unterhalb unseres Hinwegs auf einem Waldpfad wieder zurück zu wandern. Das Zwitschern und Trällern der Vögel nimmt zu, als käme eine Flut ihrer Stimmen wellenartig heran, die dann ein wenig abebbt, um erneut stärker, dichter und lauter zu werden.
Zwischen den Bäumen fliegen und taumeln bunte Schmetterlinge, Falter und viele andere Insekten aller Arten und unterschiedlicher Größen.
Kirschbaumblüten schweben wie kleine, weiße Federn vom Baumdach zu Boden.
Ein Specht hämmert gegen einen Stamm, von dem der Sturm die Krone abgebrochen hat.
Nach der Hälfte des Rückwegs lasse ich mich wieder auf einem mit grünem Moos bewachsenen, dicken Baumstumpf nieder. Mein treuer Hund sitzt vor mir, hechelt und hält nach allen Seiten mit seinen scharfen Sinnen wachsam Ausschau.
Die Kirchenglocke von Limbach läutet den Mittag ein.
Ich werde nachdenklich und besinnlich und stelle mir eine wichtige, eine zentrale Frage:
Was ist der tiefere, der wirkliche Sinn der heiligen Kommunion, der heiligen Eucharistie, die ich in der Limbacher Pfarrkirche vor 41 Jahren zum ersten Mal empfing?
Was ist der tiefste Sinn der heiligen Kommunion, der Vereinigung mit Christus?
Schließlich gebe ich mir selbst meine persönliche mystische Antwort und komme zu dem Schluss, dass jeder Mensch die Fragen seiner Existenz selbst auszuloten, zu ergründen und zu beantworten hat, sofern er überhaupt den Wunsch danach verspürt.
„Lauf wieder weiter“, sage ich zu Jimi, meinem Appenzeller Sennenhund, und wir begeben uns auf das letzte Stück unserer kleinen Route. Den Waldboden bedeckt hier ein grüner Bewuchs aus Gräsern, Kräutern und Blumen.

Auch Maiglöckchen sind stellenweise schon zu sehen vor ihrer eigentlichen Blütezeit..
Efeu umrankt einige der Bäume bis ganz hoch hinauf in ihre Spitzen. Die letzten Meter werden die Schuhe ein wenig feucht von der Nässe des Grunds und kurz darauf stehen wir schon wieder im blendend hellen Sonnenlicht des Mittags.
Den ergreifenden Ausblick über den Talkessel, in den Limbach eingebettet liegt, nehme ich als letzten Eindruck mit nach Hause am Ende des belebenden, erfrischenden und erholsamen Rundgangs durch Kirschholz.

Auf dem Teufelskopf

Kurz entschlossen sage ich heute Nachmittag zu meiner Freundin: „Pack etwas zum Essen und zum Trinken ein, wir gehen wandern!" „Wohin?", fragt sie neugierig. „Lass dich überraschen", antworte ich ihr freundlich und herzlich. Nachdem sie alles in den Rucksack gepackt hat, setzen wir uns und unseren Hund ins Auto und ich fahre gut gelaunt los, während über uns am blauen Himmel die Frühlingssonne sommerlich warm scheint. Über Altland, Lockweiler, Wadern, Gehweiler und durch Wadrill an der Jungviehalm vorbei in den Schwarzwälder Hochwald Richtung Kell bis zur Höhe geht die Fahrt und endet auf einem kleinen Parkplatz an der Straße, die schmal gebaut ist und keine Markierungen aufweist. Wir steigen alle drei aus, ich schnalle den Rucksack auf den Rücken und ab geht's nach links in den grünen Wald hinein.
Schon nach einer halben Stunde wird es so still um uns, dass man von der menschlichen Zivilisation nichts mehr hört als hin und wieder das Motorengeräusch eines Flugzeugs.
Sonst sind nur die vielen Singvögel und die Klänge der Stille noch zu vernehmen.

Mit zunehmendem Vorankommen umfängt uns die Stille immer mehr, als käme sie wie ein lebendiges Innesein aus dem Wesenskern.
Nach einer guten Stunde des Wanderns gelangen wir auf den Teufelskopf. Wir befinden uns fast 700 Meter über dem Meeresspiegel.
Wir schauen uns um.
Ein Sendemast und ein Turm, dessen Spitze nachts leuchtet, ragen innerhalb einer Umzäunung in den Himmel.
Davor steht ein aus Natursteinen gebautes kleines Kapellchen zur Marienverehrung, in dem wir ein Licht anzünden und ein Vater unser und ein Ave Maria beten.
Danach setzen wir uns an einen massiv aus Holz gebauten Tisch, an dessen zwei Längsseiten Bänke aus dem gleichen Material im Boden verankert sind und zum Rasten unter hohen alten Bäumen einladen. Wir sitzen uns gegenüber, packen den Rucksack aus und halten ausgiebig Brotzeit, um unseren Hunger zu stillen und unseren Durst zu löschen.
„Die Überraschung ist dir gut gelungen, mein Schatz. Wie schön es hier ist und wie still“, bedankt sich meine Freundin bei mir. „Hör nur, man glaubt fast, die Stille hinter der Stille wahrnehmen zu können. Es ist wie im Himmel hier. Die Benennung „Taufelskopf“ scheint mir völlig unzutreffend für dieses paradiesische Fleckchen Erde.
Andererseits, wie würde man sich in der Nacht hier vorkommen?“, beginne ich ein Gespräch mit meiner Lebensgefährtin.
„Jetzt jedenfalls habe ich hier auf dem Teufelskopf ein Hochgefühl, aber nachts möchte ich nicht hier sein“, entgegnet sie und beißt in ihr Käsebrot.
Eine dicke, braune, weiß gestreifte Hummel fliegt brummend vor ihrer Nase und erschreckt sie einen Augenblick.
Nachdem wir uns unser Mahl gut haben schmecken lassen, bei dem auch unser treuer und guter vierbeiniger Freund nicht leer ausging, beschließen wir wieder zurück zu wandern, jedoch nicht auf der gleichen Strecke sondern auf

einem Rundwanderweg.
Ein gutes Stück schreiten wir über den Höhenzug des Schwarzwälder Hochwalds in östlicher Richtung, hoch über den Menschen, den weißen Wolken zum Greifen nah.
Sowohl Tannen- als auch Laubwald zu beiden Seiten des Wegs, der an einer Waldwiese vorbeiführt, auf der die Wildschweine stellenweise den Boden aufgebrochen haben, dass es aussieht, als wäre jemand mit einem Pflug hindurch gefahren.
Der Gesang der gefiederten Freunde des Menschen webt einen derartig vielstimmigen und dichten Klangteppich in die Stille hinein, dass selbst ein Vogelkundler Mühe hätte, alle Stimmen auseinander zu halten und richtig zuzuordnen.
Viel Holz liegt gestapelt bereit, abtransportiert zu werden, ein Großteil davon gut geeignet als wertvolles Bauholz.
Plötzlich überqueren zwei Rehe hintereinander in hohen Sprüngen den Waldweg, so dass ich ein wenig Mühe habe, den Jagdeifer unseres Hundes zu dämpfen.
Nach einer Weile beginnt ein leichtes Gefälle und schließlich erreichen wir wieder die Straße, an der ich unser Auto abgestellt hatte.
Wir brauchen nur noch ein paar hundert Meter nach rechts zu marschieren und erreichen dann unseren Wagen, in den wir müde und angenehm erschöpft einsteigen, um wieder nach Hause zu fahren. Als wir die Höhe über unserem Heimatort Dorf im Bohnental erreichen, halte ich kurz an.
„Schau mal in Richtung Norden, ob du von hier aus den Teufelskopf sehen kannst“, spreche ich meine Freundin an.
„Ja, da oben leuchtet das rote Licht des Turms, an dessen Fußende wir standen“, erwidert sie und fügt noch an: „Ich danke dir für diesen schönen Sonntag, mein Guter.“
Dann fahren wir die Straße von der Höhe hinab ins Dorf.
Ein Fuchs, der seine Beute im Maul trägt, erscheint rechts im Scheinwerferlicht, um gleich wieder links in der Dunkelheit unter zu tauchen.
Seine Augen phosphoreszieren grün im Lichtkegel, bevor er

unserer Sicht entschwindet.
Als wir daheim angekommen und ausgestiegen sind, hören wir den Ruf des Waldkauzes vom nahen Kirschholzwald her.
„Huhu, jetzt werde ich mich im Bett bedeutend wohler fühlen als ich mich auf dem Teufelskopf fühlen würde", sagt meine Partnerin mit einem etwas ängstlichen und gleichzeitig frohen Lächeln im Gesicht, mir zugewandt.
„Dort oben treibt in der Nacht der Teufel sein Unwesen", necke ich sie, lege ihr den Arm um die Schulter und gebe ihr einen Kuss, bevor ich die Haustür hinter uns schließe.
Vor dem Zubettgehen erkläre ich meiner Braut: „Da Gott der Schöpfer von allem ist, hat er auch den Teufel samt seinem Kopf gemacht. Somit ist auch der Teufel samt Kopf ein Geschöpf Gottes." Zum Spaß strecke ich meine zwei Zeigefinger links und rechts meines Kopfes in die Höhe wie zwei Hörner.

Pfingsten

Nur wer lieben kann, kann glücklich sein.
Lieben zu können ist alles, was wir zu können haben, alles, was wir zu lernen haben.
Wer lieben kann, ist heil und heilig.
Ein Heiliger ist ein in Liebe erblühter Mensch.
Lieben zu können ist alles, was ich mir wünsche.
Lieben zu können ist mein Herzenswunsch.
Denn nur wer lieben kann, kann glücklich sein.
Wer liebt, ist glücklich; wer nicht liebt, ist unglücklich. „Gott ist die Liebe", sagt der heilige Johannes.
Wer in Liebe ist, ist also in Gott.
Wer Liebe in sich trägt, trägt somit Gott in sich.
Und wer in der Liebe vergeht, vergeht in Gott.
Das ist es, was die Hindus und die Buddhisten die Erleuch-

tung nennen, das Vergehen des Ichs im Zustand absoluter Liebe.
Wo der heilige Geist der Liebe weht, da ist Pfingsten.
Das Himmelreich auf Erden ist gekommen, wenn immer und überall Pfingsten ist.
Dann wird selbst in der Hölle das Wesen des Teufels sich offenbaren als Erz- und Lichtengel Luzifer, einem Wegbereiter Gottes. Der heilige Geist der Liebe wird als Licht auch das tiefste Dunkel erhellen.
Aus Schatten wird Licht an Pfingsten, aus Hass die Liebe, die Gott ist.

Bohnentalrundwanderung

Der Mai ist gekommen, doch die Bäume sind schon vor drei Wochen, noch vor der Mitte des April, ausgeschlagen.
So wandern wir, meine Lebensgefährtin, unser Hund und ich, schon im Frühtau los und ziehen zu Berg.
Am ersten Mai feierten wir auch unser Patronatsfest, denn unsere Kirche ist dem heiligen Josef, dem Patron der Arbeiter, geweiht.
Als einer, der nicht in der gleichen Weise arbeitet wie die anderen, hätte ich mich unwürdig gefühlt unter all den richtig arbeitenden, rechtschaffenen Menschen und hatte deshalb den gemeinsamen Kirchgang gescheut.
Lieber setze ich mich hin und wieder allein in unsere Kirche und hoffe, dass wenigstens der heilige Josef, seine Ehefrau, die heilige Gottesmutter Maria, und unser Herr und Heiland Jesus Christus meine Arbeit als Schriftsteller und Dichter anerkennen mögen. Auch spüre ich, dass der uns eingeborene innere Christus mir armen Seele als Selbst des Kosmos vergibt, dass ich auf dem Papier vom Kirchenglauben zurückgetreten bin, um in meinem Herzen frei und ohne Dogmenbeengung im Glauben innerlich über alle äußeren

Beschränkungen und Einschränkungen hinaus wachsen zu können. Wir überqueren vor meinem Elternhaus die Lindscheider Straße und gehen ein Stück die Lockweilerstraße hinauf und nach etwa 100 Metern an der Kreuzung links ab die Mühlenbergstraße hoch.

Die Kirche zur Rechten ragt noch etwas höher in den klaren, blauen Himmel hinein als der vor wenigen Tagen gesetzte Maibaum zur Linken. Kirche und Maibaum, der heilige Josef und der Tag der Arbeit, sind hier bei uns noch eine kompakte, unaufgespaltene Einheit. Das Verhältnis zwischen Kirche und sozialem Anliegen geht noch Hand in Hand als Ganzheit, als Bündnis.

So soll es ja auch eigentlich sein, denke ich, nur dass man dabei niemanden ausschließen dürfte.

Jetzt den Mühlenberg hinauf, doch statt der Straße links ab zu folgen, steigen wir geradeaus auf dem Feldweg dem Kischholzwald entgegen.

Bevor wir in den grünen, kühlen Wald eintreten, bleiben wir kurz auf der „Geißenalm" stehen.

Keine weißen Milchziegen, sondern kleinere, braune und gescheckte Geißen grasen auf der eingezäunten Weide. Einige Muttertiere führen gerade kleine Zicklein, die übermütig miteinander spielen und vor lauter Lebenslust Bocksprünge aufführen.

Anschließend mühen wir uns den steilen Pfad durch den Wald hinauf bis zu einer Bank, an der wir wieder kurz innehalten.

Wir schauen durch die Schneise, in der nur niedriges Gestrüpp steht, weil die Starkstromleitungen zu ihrer Absicherung von zu hohem Baumbewuchs freigehalten werden müssen.

Über einen Teil von Dorf im Bohnental und von Neipel bis zum gegenüberliegenden Höhenzug, auf dem sich ein Truppenübungsgelände der Bundeswehr befindet, schweift unser Blick.

Shirehorse-Pferde weiden am Rand von Neipel auf einer

Wiese, die noch vom Morgendunst abgedeckt wird wie von einem weißlichen Kissenbett.
Das Frühkonzert der vielen Vögel ist voll im Gang. Es klingt wie Chorgesänge, die dem Schöpfer zum Dank für den neuen Tag dargebracht werden.
Plötzlich trottet ein Dachs ein paar Meter unterhalb von unserem Standpunkt auf den Waldweg, bleibt kurz stehen und verschwindet, als er uns bemerkt, schneller als man es ihm und seinen kurzen Beinchen zutrauen würde, im Unterholzgestrüpp.
Die letzten 50 bis 100 Meter hinauf durch die Waldung machen noch etwas Mühe, bis wir den Ausgang erreichen und auf der Höhe eine Wiese betreten.
Ein Reh schaut uns von rechts her an mit bebenden Nasenflügeln und gespitzten Lauschern.
Erschrocken flüchtet es in hohen Sprüngen ins Waldesinnere.
Der Rehbock schreit, erzürnt über die Störung, sein heiseres, dunkles, tiefes Bassgebell hinaus, das meiner Freundin einen Schreck einjagt. „Du brauchst keine Angst zu haben, das ist nur ein harmloser Rehbock“, beruhige ich sie.
Von hier aus in östlicher Richtung über die Dorfer Höhe, dann über die Galgenlöcher an der Schutzhütte vorbei und in einer leichten Steigung den Lindscheider Berg hinauf bis zur Straßenkreuzung wandern wir noch etwa 40 Minuten.
Auf dieser Wegstrecke schrauben sich die Lerchen in die Lüfte und trällern und jubilieren ihre frohen Hochzeitslieder zwischen Himmel und Erde.
Wir genießen auch den wunderschönen Ausblick über das Bohnental, dessen fünf Dörfer wie Juwelen im Sonnenlicht funkeln.
An der Kreuzung angekommen, führt die Straße rechts hinunter nach Lindscheid und links ab nach Altland.
Wir gehen jedoch geradeaus in Richtung Langheck.
Zwei Mäusebussarde kreisen hoch über uns und lassen ihre katzenartigen Schreie ertönen.

Ein Turmfalke rüttelt ein paar Sekunden im Standflug und stürzt sich dann pfeilartig zu Boden auf seine Beute.
Zur Linken in nördlicher Richtung sieht man die Saarlandgrenze, die der Höhenzug des Schwarzwälder Hochwalds bildet.
Der Peterberg liegt nordöstlich und dahinter kann man bei klarer Sicht den Erbeskopf zwischen Hermeskeil und Birkenfeld erkennen. Zur Rechten in südlicher Richtung fallen vor allem der Schaumberg, die Göttelborner Höhe, das Kraftwerk und die Bergehalde von Ensdorf und darüber hinaus bei guten Sichtverhältnissen der erste Höhenzug von Frankreich ins Auge.
Bevor wir in die Langheck eintreten, die als ziemlich großes Waldstück auf einer Höhe von ca. 500 Metern über dem Meeresspiegel liegt, werfen wir noch einen weiteren Blick über das schöne Bohnentalpanorama. Dann tun wir den ersten Schritt aus der blendend hellen Sonne in den Schatten des Waldes.
Das Gelb der vor dem Tor zur Langheck stehenden, blühenden Ginsterbüsche weicht dem Grün der Blätter und dem Spiel der Lichtstrahlen, die am Waldsaum durch das Dach der Bäume als dünne Bündel ins Innere einfallen bis auf den dunkelbraunen Humusboden.
Wir marschieren jetzt schon fast wie Soldaten weiter, denn das anhaltende Gehen hat uns in Form gebracht.
Nach etwa 500 Metern auf dem Waldpfad, der nicht weit vom parallel zu ihm verlaufenden Hauptweg geradeaus führt, passieren wir eine Stelle, an der eine Bank inmitten der Waldidylle steht und haben dann schon nach etwa 30 Minuten die Langheck durchschritten. Bevor wir wieder ins Freie treten, erfreuen unsere Augen sich an schwebenden und taumelnden Schmetterlingen und Faltern. Als wollte er uns verabschieden, ruft der Kuckuck aus seinem Waldversteck.
Wir bleiben zwei Minuten stehen und sind bezaubert von seinem Glückswort, das wie sein Name lautet: Kuckuck.

Meinen Geldbeutel habe ich in der Hosentasche und hoffe, dass mir der Vogel einen Segen bringen möge, den ich gebrauchen könnte. Ein paar Schritte noch und unser Blick fällt ins tief unten gelegene Primstal, das der gleichnamige Ort hier am Oberlauf der Prims schmückt mit seinen roten und schwarzen Häuserdächern, die von der Sonne hell beleuchtet sind.

Die Autobahn Saarbrücken-Trier verläuft am Ortsrand von Primstal und durchschneidet den bewaldeten Westabhang des Peterbergs. Hier oben sind erst vor kurzem vier riesige Windkrafträder fertig gestellt worden. Von zweien drehen sich bereits die Flügel langsam im heute leichten Windhauch.

Auf einer Bank, die am Wegrand aufgestellt ist, sitzt ein älterer Mann, der einen großen Hund an der Leine hält. Er spricht uns an: „Setzt euch doch, es ist Platz genug!“ Wir nehmen sein Angebot gern an und lassen uns neben ihm nieder. „Was hältst du davon, wenn wir Brotzeit machen?“, frage ich meine Freundin.

„Dasselbe wollte ich auch eben vorschlagen“, erwidert sie. Sie nimmt die Käsebrote und die Thermoskanne mit dem Kakao aus dem Rucksack.

„Wollen Sie etwas mitessen?“, frage ich höflich den neben mir sitzenden Herrn.

„Nein danke, gut gemeint, aber wenn ich heute Mittag am Tisch sitze und keinen Appetit mehr habe, schimpft meine Frau“, entgegnet er und fügt an: „Lasst es euch gut schmecken.“

Unser Mahl mundet uns vorzüglich.

Als wir fertig sind und unserem vierbeinigen Freund die Reste reichen, will auch die Berner Sennenhündin unseres Banknachbarn etwas abhaben. Selbstverständlich bekommt auch sie von uns ihren Anteil.

„Wie gut die zwei sich verstehen, ohne futterneidisch zu sein“, sagt der Mann.

„Unser Rüde und Ihre Hündin ergäben ein gutes Paar“,

gebe ich zur Antwort.
Dann machen wir uns bekannt.
Er erzählt uns, dass er aus Limbach kommt und meine Großeltern und meinen Vater gut gekannt hatte.
„Bist du der Bohnentalautor, von dem regelmäßig Texte und Gedichte im Schmelzer Amtsblatt erscheinen?“, will er wissen.
„Genau der bin ich“, antworte ich.
„Über dich habe ich auch schon mehrmals in der Saarbrücker Zeitung gelesen. Bestimmt wirst du auch etwas über eure heutige Wanderung schreiben“, fährt er fort.
„Ja, das habe ich vor.“
„Na, dann viel Erfolg mit deiner Schreiberei“, verabschiedet er sich von uns, als wir aufstehen, um unseren Weg fortzusetzen.
Wir schütteln uns die Hände und ich danke ihm für seinen guten Wunsch. Wir befinden uns hier an dem Punkt der Route, der am weitesten östlich liegt, und biegen nun scharf ab in südliche Richtung. Wir sind gut gelaunt und singen: „Das Wandern ist des Müllers Lust.“
Wenn man blind wäre, könnte man meinen, man befände sich am Mittelmeer, so eindringlich und in so hoher Anzahl zirpen die Grillen. Gott sei Dank, sind wir aber nicht blind und können auch mit unseren Augen die prachtvolle Gegend bestaunen, durch die wir lebensfroh voranschreiten: Bunte Blumenwiesen, Hecken, Büsche, Sträucher, Wäldchen und Wälder links und rechts unserer Strecke.
Vor uns planscht ein Vogel in einer Pfütze.
Wir warten, bis er sein Bad beendet hat.
Weiße Wolken türmen sich am Horizont hoch auf wie Schneeberge. Ein Hase hoppelt über den Weg.
Fasanenwarnrufe erschallen kurz und weithin hörbar.
Hin und wieder begegnen uns Radfahrer, Fußgänger und Nordic Walker. In einem grünen Blättertunnel, der aus den Weg säumenden Bäumen und Hecken besteht, stimmen wir das nächste Lied an: „Der Mai ist gekommen.“

Wir betreten einen Wald aus hohen Buchen und Eichen. Die Vögel singen jetzt nicht mehr, sie sprechen nur noch miteinander. Dafür sind die Stechmücken und Bremsen umso aktiver und aggressiver. An manchen Stellen haben Wildschweine mit ihren starken rüsselartigen Schnauzen den Waldboden aufgebrochen.

Wir erreichen die Hauptstraße, die links hinunter nach Hasborn-Dautweiler und rechts von der Kuppe hinab nach Uberroth-Niederhofen führt.

Auf der Straße liegt ein Fuchskadaver, an dem sich ein Schwarm Krähen zu schaffen macht.

Wir haben Mitleid mit dem toten Fuchs, der ein Opfer des Straßenverkehrs geworden war.

Wir überqueren die Straße und folgen dem Bohnentalrundwanderweg weiter in südlicher Richtung.

Durch Alleen aus Hecken und Bäumen, dann im Gefälle durch ein urwüchsiges Waldstück mit Eichen und Buchen, Schlehen und dichtem Unterholzgestrüpp, an einer Schranke vorbei und dann gleich rechts hinauf, erreichen wir eine große, von Wald umgebene Wiese.

Zwei junge Reiterinnen kommen uns auf ihren edlen Pferden entgegen, lächeln uns freundlich an und grüßen.

„Das waren aber zwei Hübsche“, sage ich zu meiner Freundin. „Die Zweibeinigen oder die Vierbeinigen?“, fragt sie.

„Sowohl als auch“, entgegne ich.

Durch die große Wiese führt ein Pfad leicht bergan.

Im Tal liegt Hasborn-Dautweiler, der Heimatort meines berühmten Kollegen Johannes Kühn.

Darüber thront der Schaumberg mit seinem Aussichtsturm und seinem Windrad.

Das große Wiesen- und Weidegelände überschreiten wir in vielen Windungen hin und her, mal aufwärts, mal eben, mal bergan.

Hecken, Büsche, Obstbäume und Bauminseln durchziehen, wild wachsend, das Gelände abwechslungsreich und vielfältig. Nach einiger Zeit erreichen wir den Ritzelberg, an

dessen Hang der Akazienhof steht, welcher 80-100 Reitpferde beherbergt. Seine Gaststätte bietet den Wanderern Rast, Speise und Trank.
Bei den Fichten geht es in den Wald, der wohltuenden Schatten und angenehme Kühle spendet.
Links ab käme man zum Ritzelbergkreuz, wir aber gehen halbrechts hinab durch den Urwald.
Die Vögel singen wieder fidel und froh und lassen es uns hören. Wir freuen uns wie die Kinder darüber.
Da, was war das?, ... ein Rascheln hoch oben im Geäst.
Ein Baummarder, auch Edelmarder genannt, verfolgt in wilder Hetzjagd ein kleines, flinkes Eichhörnchen.
Baumauf und baumab geht die Hatz.
Als Jäger und Gejagter unseren Blicken entschwunden sind, hoffen wir, dass das Eichhörnchen sein Leben retten und entkommen konnte. Vom Pfad gelangen wir auf den Waldweg, wenden uns nach links und erreichen bald darauf die Straße, die von Scheuern über den Ritzelberg nach Hasborn-Dautweiler führt.
Rechts ab in westlicher Richtung, an der Abzweigung der Straße geradeaus und nach 200-300 Metern wieder rechts hoch gelangen wir zur Sinnenbank, von der aus wir den gesamten Kessel des Bohnentals und seine Höhenzüge überblicken können.
Gleich unten liegt Scheuern mit seinem prächtigen, hoch aufragenden Kirchturm, etwas weiter dann Neipel und Dorf im Bohnental. Halbrechts blickend sehen wir Lindscheid und rechts Überroth-Niederhofen.
Die Augen geradeaus gerichtet, schweift unser Blick über Limbach und das Primstal.
Bei gutem Wetter kann man von hier aus sogar die Dampfschwaden der Kühltürme des Kraftwerks Cattenom in Lothringen erkennen.
Wir bleiben fünf Minuten auf der Bank sitzen und trinken von unserem mitgeführten, hausgemachten Pfefferminztee, den wir im eigenen Garten als Teepflanzen geerntet hatten.

Danach verlassen wir diese schöne Stelle, gehen zurück zum Hauptweg und dann rechts hinab nach Scheuern.
Durch Scheuern folgen wir der L 145 in westlicher Richtung.
Die kunstvolle St. Katharinenkirche steht direkt an der Straße. Auch Gastronomie ist ausreichend vorhanden.
200 Meter vor dem Ortsausgang biegen wir nach links ab. Wir durchwandern ein Wiesengelände, das von Bauminseln und Streuobstflächen durchzogen ist.
Auf einer kleinen Holzbrücke überqueren wir den Allenbach und kommen zum krummen Apfelbaum, dessen Stamm in geringem Abstand parallel zum Boden gewachsen ist.
Über uns verfolgen vier Krähen mit lautem Gekrächze einen Mäusebussard, um ihn aus ihrem Brutrevier zu vertreiben.
Wir gelangen nun nach Neipel in den „Matzenecken“, der sozusagen als Viertel von Neipel bezeichnet werden kann. Links hoch durch das Neipeler Neubaugebiet und außerhalb des Ortes rechts ab erreichen wir eine weitere Sinnenbank, von der aus man wiederum einen ausgezeichneten Panoramablick über das grünende und blühende Bohnental hat, das der Wonnemonat Mai traum- und märchenhaft schön verzaubert.
Ein Fasanenpaar, bunt gefärbt der Hahn, braun die Henne, stolziert langsam und, wachsam Ausschau haltend, vor uns, von links über die Wiese kommend, auf den Weg und dann den Hang hinauf ins Gestrüpp. Da wir reglos verharren, bemerkt das Vogelpaar uns nicht und wir können es beobachten, bis es unserer Sicht entschwunden ist. Hier an diesem Platz komme ich ganz von selbst, ohne eigenes Zutun in einen Zustand der Meditation.
Damit meine ich ein Bewusstsein der Ausgeglichenheit, des Friedens, der Stille und einer heiteren, tief inneren Freude. Ich empfinde wohltuend die Einheit von Gott, Mensch und Natur.

Wir brechen wieder auf, begleitet vom Gesang der vielen Vögel. Über das Geißköpfchen, danach rechts ab Richtung Norden wieder in den Ort Neipel hinein führt unsere Route.

Weil das Haus am Mühlenpfad heute Vormittag geschlossen ist, müssen wir leider auf einen geselligen Frühschoppen verzichten. Wir überqueren die Ortsdurchfahrt der L 145. In einer Linksbiegung über den Talbach, der durch das ganze Bohnental fließt in Richtung Prims, kommen wir wieder zurück nach Dorf im Bohnental.

Der äußere Bohnentalrundwanderweg, der sich so oft schlängelt und windet, dass es verwirrt hätte, wenn ich jede Biegung und Abzweigung beschrieben hätte, hat uns auf einer Länge von 16,4 Kilometern ein Wanderglück von fünf Stunden einschließlich Pausen beschert.

Die Glocken von „St. Josef" aus Dorf, von „St. Katharina" aus Scheuern und von „St. Willibrord" aus Limbach läuten, romantisch klingend, 12 Uhr Mittag.

In der Borrwiese begegnen wir Eugen Dahlem, dem ehemaligen, pensionierten Schulleiter der Grundschule Limbach und langjährigen Leiter der Gemeindebücherei Dorf im Bohnental.

Er fragt uns: „Wart ihr wandern?"

„Wir kommen gerade wieder zurück von einer Bohnentalrundwanderung", entgegne ich.

„Ich hoffe, dass du darüber schreiben wirst", fordert er mich auf. „Das werde ich tun", antworte ich.

Das Bohnental einschließlich seiner Bewohner ist und bleibt meine geliebte Heimat, solange mein Herz schlägt und mein Atem mich nicht verlässt.

Ein leichter Windhauch, ein sanftes Wehen lässt mich spüren, dass Gott hier und jetzt anwesend ist.

So scheint es mir zumindest in meinem Empfinden.

Ich schließe die Haustür auf und meine Freundin, unser Hund und ich sind entspannt, froh und bereichert wieder daheim in meinem Elternhaus angelangt.

Wenn die Hecken blühen und der Flieder duftet, fällt mir der Abschied von der Heimat schwer.
Jedes Jahr, wenn der Kuckuck ruft, kehr ich aus der Ferne zurück ins Bohnental.
Erbsensuppe mit Sauerkraut, von meiner Lebensgefährtin gestern Abend vorgekocht, gibt es jetzt als Mittagessen, das uns ganz ausgezeichnet und vorzüglich schmeckt nach unserer wunderschönen Bohnentalrundwanderung Anfang Mai 2007.

Pferdeweide am Akazienhof

Unter dem blauen Himmel, den weiße Wolkenschiffchen schwebend durchsegeln, grasen sie auf sattgrünen Weiden, die braunen, weißen und gescheckten Pferde vom Akazienhof.
Der helle Sonnenschein legt sich auf das Fell der Warmblüter als Segen von oben.
Die Pferde blähen ihre Nüstern auf und schnauben froh und selbstbewusst, lassen ihre Schweife kreisen wie Räder, stolz wie die Pfauen und voller Kraft.
Die Fohlen spielen miteinander wie kleine Kinder, galoppieren vor Lebenslust und Übermut um die Wette, dass es gar drollig aussieht und ich schmunzeln muss.
Die Blicke aus den intelligenten, schelmischen Augen der Kleinen leuchten hell in den schönen Tag hinein aus beseeltem Wesenskern. Seelenwesen sind die Pferde wie wir, jedes von ihnen eine eigene Persönlichkeit für sich.
Als treue Freunde, edel und gut, begleiten sie uns Menschen auf unserem Lebensweg.
Vom Gasthaus her kommt glückliches Kinderlachen und freudiges Hundegebell.
Interessiert heben die weidenden Pferde ihre Köpfe, blicken neugierig hinüber zum Hof.

Zwei Reiterinnen und zwei Reiter sind eben zurückgekommen und steigen aus den Sätteln.
Der Stallknecht sattelt die Tiere ab und lässt sie dann auf die Weide zu den andren, die sie voller Freude begrüßen mit lautem Wiehern. Die weidenden Pferde bereiten mir Frohsinn und Heiterkeit. Sie lassen mich die Sorgen des Alltags vergessen.
Das Eis zwischen den Menschen tauen sie auf.
Sie schenken uns Herzenswärme.
Eine Augenweide und ein Herzenstrost, ein Freudenquell ist sie mir, die Pferdeweide am Akazienhof.

Achtung vor der Kreatur

Ein kleiner Knirps im Vorschulalter war ich noch, als wir an einem vom Wetter her idealen Julitag in die Heimat meines Vaters nach Thalexweiler zur Heuernte fuhren.
Vater lenkte den Traktor, meine Mutter saß rechts und ich links von ihm auf dem Beifahrersitz unseres 15 PS-Deutz.
Der leere Heuwagen war am Schlepper angehängt.
Vaters zwei Tanten besaßen zwei Kühe, die Heu brauchten, um gut über den Winter zu kommen.
Als wir in der Wiese ankamen, hatten die Tanten und meine Großeltern väterlicherseits das von der Sonne getrocknete Gras bereits auf Heuhaufen zusammengerecht.
Wie aromatisch das Heu duftete, der Geruch war ein Genuss und ist eine bleibende Erinnerung.
Mein Opa aus Thalexweiler stellte sich auf den Wagen, um die großen Portionen Heu, die Vater hinaufgabelte, richtig und gleichmäßig zu verteilen, so dass der Wagen gleichgewichtig beladen wurde. Meine Mutter fuhr den Traktor von Haufen zu Haufen vor und meine Oma aus Thalexweiler und ihre beiden Schwestern rechten am Boden alles zusammen, damit Vater auch die Reste noch aufgabeln konnte.

Ich spielte in der Wiese und war stolz wie ein König, denn ich hatte kürzlich an der Thalexweiler Kirmes ein neues Taschenmesser geschenkt bekommen.
Vaters zwei Tanten hatten ihre zwei Kühe mitgenommen, um sie auf einem Gemeindegrundstück grasen zu lassen. Die schönen Tiere mit ihren großen, sanften, reinen Augen genossen friedlich ihr Leben.
Da kam mir eine böse Idee, für die ich gerecht bestraft wurde. Ich ging mit meinem geöffneten Taschenmesser auf eine der zwei Kühe zu, um meine Macht zu demonstrieren, indem ich dem Tier Angst machen und es verjagen wollte. Als ich dicht bis an die Kuh herangekommen war, senkte sie ihren gewaltigen Kopf und stieß mich mit ihren Hörnern sanft, aber doch stark genug an, sodass ich auf den Rücken fiel.
Mein Großvater, für den die Enkel sein Ein und Alles waren, kam angerannt, schwang wütend den Rechen gegen die Kuh und vertrieb sie auf diese Weise.
Mein Vater schritt jedoch hinzu, hob mich auf und sagte zu Opa: „Vater, es ist nicht in Ordnung, dass du böse auf die Kuh bist. Du tust ihr Unrecht. Ich habe alles beobachtet. Die Kuh war völlig im Recht. Es war ganz richtig, dass sie unserem Lausbub eine Lehre erteilt hat."
Und an mich gewandt, fuhr er fort: „Mein lieber Junge, jetzt pass mal auf, was ich dir sage, damit du es dir endlich und gut merkst. Quäle nie ein Tier zum Scherz, denn es fühlt wie du den Schmerz. Hast du das verstanden?"
„Ja, Papa", antwortete ich reumütig.
Auch heute noch sehe ich den Vorfall genau wie mein Vater. Es erfüllt mich Stolz auf ihn.
Ich bin ihm dankbar, auch dafür, dass er mich die Achtung vor der Kreatur gelehrt hat.

„Tarzan"

„Hurra, endlich Ferien, sechs Wochen Sommerferien", jubelte ich am Morgen des ersten schulfreien Tags froh und glücklich.
Eben hatte ich gut und ausgiebig gefrühstückt, nun zog ich schnell eine kurze Hose, ein T-Shirt und meine Turnschuhe an, um gleich hinaus an die frische Luft spielen zu gehen.
Es war ein herrlicher Tag, die Sonne schien hell und warm vom strahlendblauen Himmel, und die Luft führte alle die interessanten und anregenden Gerüche und Düfte des Sommers mit sich.
Mein Weg führte mich zum „Horchholzwäldchen", das zwischen Dorf im Bohnental und Lindscheid den Talbach säumt.
Am Ortsausgang angekommen, sah ich Rudi gelangweilt vor seinem Elternhaus stehen, die Hände in den Hosentaschen. Er fragte mich: „Wo willst du denn schon hin so früh am Tag?" Ich antwortete: „In den Wald am Bach, komm, geh doch mit!"
Rudi war froh, einen Kameraden gefunden zu haben und er begleitete mich gern und abenteuerlustig zu unserem Spielplatz in der freien Natur.
Wir waren bald im Wäldchen angelangt, denn wir brauchten nur die Wiese zu überqueren und über den Bach zu springen und schon standen wir zwischen den Bäumen unter dem grünen Blätterdach im angenehm kühlen Schatten.
Mir kribbelte es schon in den Fingern, denn ich konnte es kaum erwarten, meinem Kumpel meine Kunststücke vorzuführen.
Also kletterte ich flink wie ein Eichhörnchen auf einen großen, dicken Baum und rief meinem Freund von oben zu: „Pass mal auf! Jetzt zeige ich dir, dass ich genauso gut von Baum zu Baum springen kann wie Tarzan."
Dann stieß ich laut und durchdringend den „Tarzan-Urschrei" aus: „Ahuahuahua", und machte mich sprungbereit.

Ich hechtete aus dem Wipfel, in dem ich stand, um einen Ast eines anderen Baums am gegenüberliegenden Bachufer mit den Händen im Sprung zu ergreifen und mich daran festzuhalten.
Doch stattdessen landete ich etwa vier Meter tiefer im kalten Wasser des Talbachs, so dass es laut platschte und die Gischt hoch aufspritzte.
Nachdem Rudi sich davon überzeugt hatte, dass ich unverletzt geblieben war, lachte er mich aus und höhnte: „War wohl ein Schlag ins Wasser, du Minitarzan!"
Eine solche Blamage konnte ich nicht auf mir sitzen lassen, denn ich war felsenfest von mir und meiner Kunst überzeugt.
Deshalb schüttelte ich das Wasser aus meinen Kleidern wie ein Hund, der nass geworden ist, sein Fell schüttelt und startete einen zweiten Versuch, der zu meiner vollsten Zufriedenheit glückte und meinen Freund in Erstaunen versetzte, so dass er von da an zu einem meiner glühendsten Bewunderer wurde.
Erst danach ging ich in Rudis Begleitung nach Hause und zog trockene Kleider an.
Großmutter drückte jedem von uns beiden eine Banane in die Hand und schaltete dann den Fernseher für uns an. Gebannt und hingerissen verfolgten wir die spannende und packende Lieblingsserie aller Buben auf dem flimmernden Schwarzweißbildschirm: „Tarzan".

Das arme Vögelchen

Es war an einem Sonntagabend in den Sommerferien, als es mir in den Sinn kam, Jagd auf Spatzen zu machen.
Das Luftgewehr, das ich dazu verwendete, hatten mein Bruder und ich von unserem Großvater vergangene Weihnachten geschenkt bekommen.
Mit meinen zwölf Lebensjahren war ich ein Kind, das noch viele Erfahrungen zu machen hatte, um für sein späteres Leben zu lernen. Eine davon stand mir nun bevor.
Ich ging mit dem Gewehr in Händen hinter das Haus in den Garten und spähte nach Opfern aus.
Da war es mir gerade recht, dass ein Sperling angeflogen kam und sich auf den in der Nähe stehenden Birnbaum setzte.
Während der Vogel seinen Abendgesang glücklich jubilierend trällerte, legte ich das Gewehr an einem Zaunpfosten an, zielte fünf Sekunden und drückte dann ab.
Der Sperling verstummte mitten im Gesang und fiel, sicher und gut getroffen, zu Boden.
„Waidmannsheil", rief ich mir selber zu und schritt wie ein erfolgreicher Jäger auf meine erlegte Beute zu, die aus einem wehr- und harmlosen Vögelchen bestand.
Ich sah mir den Spatzen, der im Sterben lag, genau an.
Er hatte sich auf den Rücken gedreht, bewegte noch ein paar Mal seine kleinen, dürren Beinchen, spreizte noch einmal seine Flügelchen und öffnete sein Schnäbelchen ein letztes Mal.
Schließlich schloss er die winzigen Lider über seine gebrochenen Äugelchen und war tot.
In diesem Moment überkamen mich so tiefe Gefühle der Reue, des Mitleids und der Trauer, dass ich bitterlich zu weinen begann. Nie wieder nahm ich das Luftgewehr in meine Hände, mit dem ich gedankenlos zum Zeitvertreib getötet hatte.
Als die Schule wieder anfing, bekamen wir Kinder vom

Lehrer die Aufgabe gestellt, über unser ergreifendstes Erlebnis der Sommerferien einen Aufsatz zu schreiben.
Die Überschrift dazu stand für mich sofort fest.
Sie lautete „Das arme Vögelchen".

„Gott sei Dank"

An einem sonnigen, heißen Augustnachmittag 1963 begann die Familie mit der Getreideernte.
Meine Eltern, meine Großeltern und die zwei Brüder meiner Mutter, also sechs Erwachsene, bildeten das Ernteteam.
Das erste Feld, das zum Abernten anstand, befand sich weitab vom Dorf und fern von menschlichen Siedlungen auf einem Acker- und Wiesengelände mitten im Wald.
Die Parzelle hieß „Unter dem Großen Walde."
Eine Mischung aus Roggen und Weizen, Mischfrucht genannt, war reif für den Schnitt.
Ich zählte sechs Lenze, mein Bruder fünf und unser Schwesterchen war erst im Januar zur Welt gekommen.
Wir Kinder wurden schon allein aus dem Grund mit aufs Feld genommen, weil niemand daheim war, der auf uns hätte aufpassen können. Denn in den Erntezeiten waren alle verfügbaren Hände gefordert. Damals waren wir noch zu klein, um mit anzupacken.
Mein Bruder und ich durften deshalb die Zeit mit Spielen verbringen.
Die kleine Schwester lag in ihrem Säuglingskorb, der auf dem vom Traktor abgekoppelten Wagen sicher im Schatten stand, vom Acker aus gut zu sehen.
Der von unserem 15 PS Deutzschlepper gezogene Bindemäher schnitt vorn die Halme und warf die gebundenen Garben hinten hinaus.
Die Garben wurden auf Kästen gestellt, die wie kleine Häuschen vorerst auf dem Acker stehen blieben, um später

eingefahren zu werden. Die Kästen waren aus sieben Garben, die unten aufstanden und oben zusammenliefen, zusammengesetzt.
Zuletzt kam noch eine Garbe zum Abdecken auf die Konstruktion, die Hut genannt wurde.
Während die Erwachsenen fleißig arbeiteten, tollten mein Bruder und ich nebenan auf der Wiese und gingen auch in den Wald, so dass wir vom Feld aus nicht mehr zu erblicken waren.
Unsere Mutter rief dann jedes Mal: „Hans-Erich, Michael, wo seid ihr?“ Wir kamen aus dem Wald spaziert und antworteten: „Hier sind wir, Mama.“
Vom vielen Spielen und Springen in der Hitze wurden wir schließlich hundemüde.
Michael sagte zu mir: „Ich will schlafen!“
Ich nahm ihn an der Hand und kroch mit ihm in einen der Kästen. Kaum waren wir drinnen, legte sich Michael hin, schloss die Augen und schlief den süßen Schlummer kleiner Kinder.
Ich konnte mich noch ein paar Minuten wach halten und schlief dann auch ein.
Plötzlich spürte ich eine große Hand, die nach mir griff, und ich wachte auf.
„Hannelore, Gott sei Dank, hier sind sie“, hörte ich meinen Vater ganz aufgeregt rufen.
Dann wurden die vorderen Garben entfernt und wir standen bald unseren glücklichen Eltern gegenüber.
Vater und Mutter nahmen uns an sich, drückten, küssten und liebkosten uns.
Unsere Großmutter kam herbei und sagte zu meinen Eltern: „Morgen bleibe ich mit den Kindern daheim. Sie sind noch zu klein, um mitgenommen zu werden. Bei mir im Haus sind sie gut und sicher aufgehoben.“
Mein Bruder und ich hatten uns für die Erwachsenen unsichtbar gemacht und zwei Stunden in dem Getreidekasten tief und fest geschlafen. Als Mutter keine Antwort mehr

von uns bekommen hatte, hatten die Großen die Arbeit eingestellt und verängstigt und verzweifelt die ganze Umgebung abgesucht, bis Vater auf die Idee gekommen war, in den Kästen nachzuschauen. Alle waren froh und erleichtert, als sie uns endlich gefunden hatten. Unsere Oma sagte zu meinem Vater: „Jakob, ich warte nicht bis morgen, ich gehe gleich mit den Buben nach Hause."

Alle waren damit einverstanden. Sie nahm Michael bei der einen und mich bei der anderen Hand und wir traten gemächlich den Nachhauseweg an. Auf dem Heimweg erzählte Oma uns alles, was passiert war und welche Angst sie um uns gehabt hatte. Als wir ins Haus kamen, gab sie uns selbst gemachten, gekühlten Pfefferminztee zu trinken und jedem ein Kaffeestückchen zum Essen.

Danach sprach sie mit uns ein Gebet, das im Sinn der Geschehnisse mit „Gott sei Dank" endete.

Kartoffelernte

Mit einer großen Nadel und dickem Nähgarn stopfte Großvater die Löcher in den Kartoffelsäcken.
Am nächsten Morgen fuhren wir mit dem Traktor und dem Wagen los ins Kartoffelfeld.
Außer der Familie standen, wie jedes Jahr, ein paar Männer und Frauen aus der Verwandtschaft bereit, als Erntehelfer mit anzupacken.
Je mehr fleißige Hände arbeiteten, umso schneller ging es.
Alle Hände und alle Händchen wurden gebraucht, damit die Schönwetterperiode genutzt werden konnte, bevor es Regen gab.
Wir Kinder hatten Kartoffelferien und mussten auch unseren Beitrag zu den anfallenden Arbeiten leisten.
Die Blätter der Bäume begannen sich bunt zu färben und rauschten im Wind.

Mit zu- und abnehmender Windstärke schwoll das Rauschen an und ab. Weiße und hellgraue Wolken zogen vom nordwestlichen zum südöstlichen Horizont des Himmelszelts. Die kühle, aber nicht kalte Morgenluft durchdrangen Herbstdüfte, die derartig typisch und unverwechselbar eigen- und einzigartig für diese Jahreszeit waren, dass sie bis heute einen unvergesslich prägenden Eindruck in meinem Gedächtnis hinterlassen haben, den ich mit diesen schönen Kindheitstagen verbinde.
Hinzu kamen der Diesel- und Ölgeruch des Traktors, der Geruch der Holzbohlen des Wagens und der staubigen Kartoffelsäcke.
Alles in allem waren schon allein die Düfte und Gerüche ein bleibendes Erlebnis.
Die Krähen begannen sich zusammen zu rotten und ließen ihr heiseres Gekrächze des Herbstes hören. Die anderen Vögel sangen hingegen, als wäre noch Sommer.
Stimmen und Geräusche aus den tief unten im Tal liegenden Dörfern erreichten das Ohr aus weiter Ferne.
„Hans-Erich, nicht träumen, arbeiten!“, rief mein Vater mir halb im Ernst und halb im Spaß zu.
Da bemerkte ich, dass die erste Furche mit dem Kartoffelpflug bereits gefahren war.
Wir rafften nun die ausgepflügten Kartoffeln auf so genannte „Strauen“ und die Kartoffelstränge auf „extra Strauen“ dazwischen. Die Strauen waren etwa einen Meter breite Reihen aus geernteten Kartoffeln, die extra Strauen unterschieden sich von den Strauen nur darin, dass sie, statt aus Kartoffeln aus Kartoffelsträngen bestanden.
War diese Arbeit getan, wurde die nächste Furche in Angriff genommen.
Vater fuhr den Traktor mit dem Kartoffelpflug dahinter.
So ging es weiter, Furche um Furche, bis Mittag.
Kaum war das Mittagsgeläut der Kirchenglocken von Dorf im Bohnental, Scheuern und Limbach verklungen, als Großmutter mit dem „Bollerwagen“ erschien, außer Atem von

dem langen Anstieg aus dem Dorf auf den Lindscheider Berg, wo sich unser Kartoffelfeld dieses Jahr befand. Sie nahm das Mittagessen vom Wägelchen und servierte es uns. Es gab Schweinekoteletts mit Salzkartoffeln in Fleischsoße und Weißkohlgemüse. Es schmeckte vorzüglich.
„Meine Oma hätte Köchin werden sollen“, dachte ich für mich. „Hans-Erich, heute schmeckt es noch besser als sonst“, rief Vater mir halb im Spaß und halb im Ernst zu. „Wer arbeitet, muss auch essen“, gab Oma ihm an meiner Stelle zur Antwort.
Nach der Mittagspause ging es noch zwei bis drei Stunden so weiter wie am Vormittag. Danach wurden die Kartoffeln von den Strauen in die Körbe gerafft und aus den Körben in die Säcke gefüllt. Drei Körbe ergaben einen vollen Sack Kartoffeln.
Doch waren unsere Eltern und Großeltern auch verständnis- und liebevoll zu uns Kindern. Deshalb gab es noch etwas für die kleinen und großen Erntehelfer, das überall bekannte Kartoffelfeuer. Dieses Jahr waren die Kartoffelstränge richtig dörr und trocken und brannten gut. Wir warfen Kartoffeln in das Feuer aus den gedörrten Kartoffelpflanzen. Nach einiger Zeit stocherten wir sie mit Stöcken aus der Glut. Die gebratenen Kartoffeln hatten eine schwarz gebrannte Schale. Manche aßen sie mit verbrannter Schale, die anderen entfernten die Kruste mit den Fingern, wobei manches „Heiß“ und „Autsch“ zu hören war. Jedenfalls war es ein Hochgenuss, ob man die Kartoffeln nun schwarz oder weiß verzehrte. Nach diesem appetitlichen Spaß halfen wir Kinder noch beim Raffen der für die Schweine bestimmten kleinen Kartoffeln, der so genannten „Saukgrombeern“. Schließlich luden die Männer die vollen Säcke auf den Wagen.
Um zu zeigen, wie stark ich war, beteiligte auch ich mich daran. Und ich war, trotz meiner geringen Körpergröße, wirklich fast so stark wie die Männer.
Außerdem fuhr ich den Traktor von Station zu Station

vor. Etwa alle fünf Meter standen drei bis fünf Säcke. Mit voll geladenem Wagen fuhren wir danach heim. Bei der Fahrt auf den Katoffelsäcken zu sitzen, war ein besonderes Vergnügen. Wir sangen Lieder, die zur Jahreszeit passten, lachten und waren glücklich.
Unsere Mutter fragte uns Kinder: „Was wollt ihr denn Morgen zu Mittag essen? Überlegt es euch und dann sagt ihr Oma Bescheid. Sie wird euch kochen, was ihr möchtet."
Zu Hause angekommen, mussten die Männer noch die prall gefüllten Kartoffelsäcke abladen. Ich stand auf dem Wagen und öffnete die Bindeseile, mit denen die Säcke zugeschnürt waren, damit die Männer die Kartoffeln nur noch auf der Kartoffelpritsche, der „Huerdt", durch die Kellerluke in den Kartoffelkeller kullern zu lassen brauchten. Nach dieser letzten Arbeit hatten wir Feierabend, einen wohl verdienten Feierabend.
Müde gearbeitet, brauchte ich nicht lange um einzuschlafen. Immer wieder träumte ich in der Nacht von der Arbeit auf dem Kartoffelfeld.
Ich hörte in meinem Traum, wie Vater, halb im Ernst und halb im Spaß, sagte: „Hans-Erich, nicht träumen, arbeiten!"
So strengte ich mich im Schlaf immer mehr an und arbeitete am Ende wie verrückt mit Händen und Füßen, dass die Bettdecke vom Bett zu Boden geworfen wurde. Man kann also auch gleichzeitig träumen und arbeiten.
Da hörte ich Omas Stimme wie die eines Engels: „Wer arbeitet, muss auch essen."
Ich wachte auf und hatte einen Bärenhunger. Und ich wusste, was ich mir von Oma als Mittagessen wünschte: Pellkartoffeln mit Zwiebelsoße und Dickmilch dazu. Diese Kost gab es dann auch tatsächlich am zweiten Erntetag.
Es dauerte eine ganze Woche, bis wir für dieses Jahr die letzten Kartoffeln geerntet hatten. Wir Kinder waren stolz auf die von uns erbrachte Leistung und fühlten uns schon fast, als wären wir Erwachsene.

Der geplatzte Traum vom Fliegen

Manfred, Ludwin, Josef, mein Bruder Michael und ich waren etwa 10-12jährige Jungen, als uns der Traum vom Fliegen in den Sinn kam. Am meisten begeistert und ergriffen von der Fliegerei war ich. Ich sprach die anderen vier darauf an:

„Hört mir mal zu! Ich glaube, dass es möglich ist, sich Flügel zu bauen, um mit ihnen zu fliegen. Wie denkt ihr darüber?"

Hierauf ergab sich eine hitzige Diskussion mit geteilten Meinungen. Manfred und Ludwin hielten die Idee für Unsinn und meinten, es wäre unmöglich, mit selbst gebauten Flügeln fliegen zu können. Michael war neutral eingestellt und sagte: „Ich denke auch, dass es kaum zu verwirklichen ist, aber einen Versuch wäre es wert." Josef hatte ich für meinen Plan gewinnen können.

„Dann also an die Arbeit", sagte er tatenfroh und überzeugt. Wir gingen unternehmungslustig in die Werkstatt meines Großvaters und schauten uns nach Materialien um, die für den Bau der Flügel zu verwenden wären.

Wir fanden alles, was wir brauchten: Dachlatten, Nylonfolie, Hämmer, Nägel, Seile und Lederriemen. So konnten wir jetzt gezielt ans Werk gehen. Wir nagelten die Dachlatten flügelförmig zusammen, banden die Folie mit Seilen daran fest und stellten aus den Lederriemen Haltegriffe für die Arme und Hände her, die wir an der Lattenkonstruktion befestigten. Bereits nach einer Stunde war unser Werk vollbracht. Nun kam die Probe aufs Exempel.

Wir begaben uns mit den Flügeln auf einen ziemlich steil abfallenden Hügel außerhalb des Dorfes und starteten nacheinander unsere Flugversuche.

Zu unserer Enttäuschung missglückten sie alle und endeten in einem Sturz, bei dem zwei Dachlatten zerbarsten.

Ludwin kommentierte siegesbewusst: „Ich hatte es euch ja gesagt und habe mal wieder Recht behalten. Ich hätte aber

eine viel bessere Idee, wie uns das Fliegen gelingen wird. Wir bauen uns einen Hubschrauber. Bauholz ist genug da und hinter unserem Haus steht ein altes Auto, von dem wir den Motor nehmen können."
Ich entgegnete ihm auf seinen Vorschlag: „Bist du verrückt? Wie soll denn das möglich sein, wenn es schon mit den einfachen Flügeln nicht geklappt hat. Du weißt wohl nicht, wie kompliziert ein Hubschrauber konstruiert ist."
Wiederum entfachte sich eine energische Diskussion, die jedoch zu dem Ergebnis führte, dass alle die Unmöglichkeit von Ludwins Vorhaben einsahen und diesmal mir Recht gaben.
Am nächsten Tag wollte ich Großvater bei seiner Arbeit in der Werkstatt helfen.Als ich eingetreten war, fragte er mich vorwurfsvoll: „Habt ihr meine neue Wagenplane zerschnitten? Was habt ihr denn wieder geschafft?"
Ich erzählte ihm wahrheitsgemäß alles, was wir getan hatten, um frei wie die Vögel fliegen zu können.
„Na ja, Hans-Erich, wenn ihr noch einmal so etwas vorhabt, dann fragt mich zuerst. Ich hätte euch andere Folie gegeben, die ebenso gut zu verwenden gewesen wäre", gab mir Opa seinen gut gemeinten Rat.
Am Abend hörte ich, wie Großvater unserer Großmutter alles berichtete und ich vernahm das wohlwollende Lachen der zwei über unseren Jungenstreich und unseren geplatzten Traum vom Fliegen.

Eine Lehre fürs ganze Leben

Zu meiner Kinder- und Jugendzeit wurde noch kein Mais gepflanzt wie heute.

Zur Viehfütterung setzte man stattdessen Runkelrüben, die im Herbst nach den Kartoffeln geerntet wurden.

Als ich ein zwölfjähriger Junge war, hatte ich bereits eine wichtige Arbeit bei der Rübenernte.

Ich half die aus der Erde gezogenen und entblätterten Rüben auf den Wagen zu laden, fuhr sie dann mit dem Traktor heim und warf die Rüben vom Wagen durch die Luke in den Keller.

Danach fuhr ich wieder ins Feld, um den nächsten Wagen voll zu laden. Als ich auf dem Acker ankam, sagte mein Großvater zu mir:

„Hans-Erich, du weißt ja, dass du den Berg hinunter die Wagenbremse ziehen musst. Vergiss das nicht!"

„Ich hab ja keinen Gedächtnisschwund, Opa", gab ich zur Antwort. Für heute war der vierte Wagen voll, und ich setzte mich auf den Traktor, um die wertvolle Fracht nach Hause zu bringen.

Wage- und übermütig, wie 12jährige Buben im allgemeinen nun mal sind, sagte ich mir: „Diesmal ziehe ich die Bremse einmal nicht, um schneller zu sein."

Gesagt, getan, ich fuhr den Berg hinab, ohne den Wagen abzubremsen. Zunächst ging alles gut, und ich freute mich über die rasante Fahrt. Doch dann merkte ich, dass die Geschwindigkeit immer höher wurde, und zwar so hoch, dass mir jetzt Angst und bange wurde.

Dieses Jahr hatten wir die Rüben auf dem Wittum.

Meine Wegstrecke verlief also von der Wegkreuzung auf dem Berg hinunter bis zum „Hahnentor" und von da rechts ab am „Langenstein" vorbei ins Dorf.

Kurz vor dem Hahnentor war die Fahrt so rasend schnell geworden, dass mir heiß wurde und mein Herz bis zum Hals schlug.

Es gab nur noch eine Rettung. Ich musste, anstatt die äußerst scharfe Kurve nach rechts ins Dorf zu nehmen, halblinks ab und in die entgegengesetzte Richtung den Berg wieder hinauf fahren.
Zum Glück kam weder von rechts noch von links ein Fahrzeug, so dass das Vorhaben mit Gottes Hilfe gelang.
Mir fiel ein Stein vom Herzen. Ich atmete ganz tief und erleichtert auf und bekreuzigte mich dreimal.
Nun konnte ich ja nicht mehr wenden und musste wieder auf den Berg fahren und von der Höhe rechts ab über Lindscheid auf einem großen Umweg heim.
Bei dieser Abfahrt hatte ich jedoch die Wagenbremse sorgfältig und gewissenhaft angezogen.
Als ich verspätet wieder ins Feld kam, sagte Opa zu meiner Mutter: „Gott sei Dank, der Junge ist zurück. Ich hatte solche Angst, es wäre etwas passiert."
An mich gewandt, sprach er weiter: „Bub, warum hat es denn so lange gedauert?"
Ich antwortete: „Ich hatte die Wagenbremse zu fest angezogen. Deshalb ging es nur langsam voran."
Mit dieser Notlüge war ich schlau einer Suspendierung von meinem Dienst entgangen.
Im Stillen aber hatte ich eine Lehre für mein ganzes Leben gezogen.

„Kirmes St. Willibrord“

Am Nachmittag des Kirmessonntags 1973 gab es zum Kaffee ein reichhaltiges Angebot feiner Kuchen und Torten, die Mutter alle mit Liebe selbst gebacken hatte. Ich war 16 Jahre jung und erwartete nun zwei gleichaltrige Freunde, nämlich Roman und Andreas. Als sie endlich eingetroffen waren, machten wir uns gemeinsam auf nach Limbach, um ausgelassen und frohen Muts nach Herzenslust die Kirmes zu feiern. Auf unserem Fußweg gingen wir an der L145 entlang, die hier bei uns jeder als die „neue Strasse“ kennt. Von den Bäumen der Allee fielen die Blätter, die der Herbst bunt gefärbt hatte, langsam und sanft zu Boden. Die Samenkapseln des Ahorns nannten wir „Propeller“, da sie sich wie Rotoren eines Hubschraubers in einer Drehbewegung und somit in verlangsamter Geschwindigkeit von oben hinab zur Erde schraubten. Schon nach einer knappen halben Stunde standen wir auf dem Kirmesplatz inmitten des Trubels. Die neuesten Beat- und Popsongs dröhnten aus den Lautsprecherboxen der Fahrgeschäfte und versetzten die Jugendlichen in eine amouröse Stimmung. Jeder von uns dreien hatte bald ein Mädchen gefunden, um mit ihm Autoskooter und „Weißer Traum“ zu fahren. Dabei wurden bereits die ersten erotischen Kontakte geknüpft: Händchenhalten und Knutschen. Nachdem wir uns, immer zum Witzeln aufgelegt, zwei Stunden köstlich amüsiert hatten, brachen wir zu sechst auf zur Kirmesdisco ins Lokal „Birg Peter“. Dort tanzten wir mit unseren Freundinnen, vergaßen aber auch das Trinken nicht. In jeder Musikpause stießen wir mit den großen, frisch gefüllten Bierhumpen an und sangen: „Prost, prost Kameraden, prost, prost Kameraden, wir wollen noch einen heben, prost, prost, prost!“

Erst bei Feierabend verließen wir in gehobener Bierlaune scherzend und lachend das Gasthaus. Wir Jungs begleiteten unsere Verehrerinnen nach Hause. Nachdem wir sie wie echte Kavaliere in schönster Freiermanier in ihr Elternhaus verabschiedet hatten, traten wir unseren Heimweg an. Wir brauchten dafür fast doppelt so lang wie für den Hinweg, weil wir vom vielen Trinken zugegebenerweise doch etwas mitgenommen und erschöpft waren. Schließlich ließ ich mich müde und ermattet in mein Bett fallen und schlief sofort ein. Ich träumte von meiner jungen Hübschen, deren Namen ich am nächsten Morgen in mein Notizbuch schrieb mit dem Vermerk „Kirmes St. Willibrord“.

Am Heiligabend

In der gut beheizten Stube unserer Großeltern duftete es nach Bohnerwachs, Weihnachtsgebäck, Äpfeln und Apfelsinen.
Mein Bruder und ich waren noch kleine Buben, die noch nicht zur Schule gingen, die sich aber schon ihre Gedanken machten. Wir warteten gespannt aufs Christkind und fragten uns gegenseitig, wie es wohl aussehe. Dieses geheimnisvolle himmlische Wesen schmückte heute Abend in der Wohnung unserer Eltern den Tannenbaum und legte unsere Geschenke darunter. Auch über sein Geschlecht waren wir uns nicht sicher. War es ein Junge oder ein Mädchen?
Unsere Mutter hatte uns erzählt, es sei ein Mädchen, während uns von unserem Vater berichtet worden war, es sei ein Junge. Zu gern hätten wir dem Christkind einmal bei seiner Arbeit des Bescherens zugesehen, doch war dies uns Kindern verboten. Bis dahin hatte ich mir sein Aussehen in meiner Phantasie so ausgemalt, dass es vor meinem geistigen Auge ein Mädchen war, ein schöner Engel mit blonden Haaren, einem weißen Kleid und Flügeln. Jedoch war ich mir nicht sicher, ob es auch wirklich so oder anders ausschaute. Mein Bruder und ich wussten nicht so richtig, ob wir unserem Vater oder unserer Mutter glauben sollten.

Da kam es mir gerade recht, dass unser Großvater in die Stube trat, um ein Plätzchen zu naschen. Also fragte ich ihn einfach: „Opa, wie sieht denn das Christkind wirklich aus?" „Das Christkind ist das Jesuskind, es heißt Jesus Christus und ist der Sohn Gottes", klärte unser Opa uns endlich wahrheitsgemäß auf. In diesem Moment sprangen wir von unseren Stühlen auf und rannten stürmisch schnell zu unseren Eltern in unser hell beleuchtetes Wohnzimmer.
Denn das Christkind hatte mit seinem Glöcklein geklingelt, was für uns das Zeichen war, dass unser ungeduldiges Warten sich endlich gelohnt hatte. Mit leuchtenden, glänzenden Augen standen wir Kinder mit unseren Eltern vorm Tannenbaum und sangen: „Stille Nacht, heilige Nacht." Ich schaute in die Krippe aufs Jesuskind, um ihm von Herzen für alles zu danken. Jetzt wusste ich, wer das Christkind wirklich war. Ich sah es geheimnisvoll und froh lächelnd in seiner Krippe liegen, umgeben von Maria und Josef, dem Ochsen und dem Esel und den Hirten mit ihrer Herde. Schließlich packten wir unsere Geschenke aus, die uns das Christkind gebracht hatte. Als Kinder waren wir glücklich am Fest der Geburt des Jesuskinds, am Heiligabend.

Weihnachten

An Weihnachten feiern wir Christi Geburt. Christus wurde nicht nur im Stall zu Bethlehem geboren. Gottes Sohn ist uns auch eingeboren in unsere Seelen als Überseele, die allen und allem innewohnt.
Weihnachten ist immer und überall, wenn wir uns bewusst sind, dass Gott die Seele unserer Seele ist als der „Ich bin der ich BIN", als der, der war, bevor Abraham ward.
Wir weihen unsere Seelen dem ihr eingeborenen Licht der Welt und huldigen dem im Stall zu Bethlehem geborenen Jesus Christus. Wir feiern im Inneren und im Äußeren.

Wir wissen, dass derselbe Christus uns allen ins Herz eingeboren ist und dass wir deshalb alle Schwestern und Brüder sind in seinem Geist. Dass wir alle eins sind im uns eingeborenen Christus, der leibhaftig geboren wurde im Stall zu Bethlehem als Jesuskind, wird uns hell und klar bewusst an Weihnachten.

Winterwanderung im Bohnental

Von Dorf aus über Neipel und Scheuern und Überroth wandre ich zum Allenwald, zu rasten bei den sieben Pferden, die in einem Schuppen stehen, gut geschützt vor dem Frost des Februar, der heute morgen die Bäume, Büsche und Gräser in weißen Raureif gehüllt hat wie in ein Brautkleid des Winters. Traumhaft schön funkelt und glitzert es in der strahlenden Vormittagssonne, die hell und klar vom blauen Himmel leuchtend, die Atemluft frisch befeuchtet und den gefrorenen Nebeltau der eisig kalten letzten Nacht erwärmt zu schmelzen und zu kondensieren nach und nach im Lauf des Tages.
Die ganze Umgebung glänzt wie in einem Wintermärchen phantastisch lichterfüllt, fast überirdisch.
Ich verabschiede mich schließlich vom Bäckersohn und seine sieben Pferden, und mein Weg führt mich weiter hinauf zur Langheck und von da in Richtung Lindscheider Berg. Frei atmet die Lunge, leicht bewegen sich Beine und Füße. An der Kreuzung angekommen, wo die Straße links ab nach Lindscheid und rechts ab nach Altland führt, läuten die Glocken von Scheuern und von Dorf und das Glöcklein der Überrother Kapelle dreistimmig den Mittag ein aus dem herrlichen Wintertraum des Bohnentals hinauf zu mir: in Alt, in Sopran und hell und hoch wie eine Kinderstimme. Geradeaus schreite ich weiter und komme eine halbe Stunde später zurück nach Dorf, hungrig und müde, angenehm erschöpft vom hinauf und hinab.
Das Mittagessen schmeckt mir heute so gut wie lange nicht mehr, und mein Mittagsschlaf ist so tief und fest wie zum letzten Mal, als ich noch ein Bub war, jung und stark und gesund wie ein Fohlen.

Das Bohnental

Eingebettet in das schöne, gute Tal liegen wie Schmuckstücke fünf Orte: Lindscheid, Überroth, Scheuern, Neipel und Dorf im Bohnental.
Zu allen Jahreszeiten blicken Wanderer von den umliegenden Höhen über eine phantastische Bilderbuchlandschaft, die eine herrliche Natur beseelt wie einen lebendigen Organismus, wie ein eigenes Wesen für sich.
Die Menschen hier sind aus gutem Holz geschnitzt von ihrem Schöpfer: freundlich, hilfsbereit, bodenständig, erd- und naturverbunden und voller Lebenslust. Sie können beides, fleißig arbeiten und froh feiern ihre Feste. Ihre Geschichten und Erinnerungen bewahren sie als Kleinode. Die Bohnentaler glauben an Gott, den sie fromm loben, preisen, ehren und dem sie ihre Dankbarkeit bekunden in Kirchen und Kapellen.
Einst freite ich einen Schatz aus der Stadt, mit dem ich wanderte über die Hügel des Tals. „Ich hatte nicht gewusst, dass es ganz in der Nähe einen landschaftlichen Diamanten gibt“, gestand mir das Mädchen, als wir verliebt auf der Wiese uns küssten.
Verliebt bin ich auch in meine Heimat, die mir teuer am Herzen liegt. „Hinter den sieben Bergen liegt unser Tal, an dessen Waldsäumen die sieben Pferde der sieben Zwerge grasen und wo Hans im Glück durch die Bachaue zieht mit seinen wechselnden Kostbarkeiten.“ Als Dichter will ich besingen in poetischen Bildern diese wunderschöne Gegend. Die Lerche steigt auf über Feldern und Fluren, ihre Loblieder klingen dem Sämann in den Ohren wie Oden an die Freude des Lebens. Wenn die Hecken blühen, der Flieder duftet und der Kuckuck ruft, fällt mir der Abschied vom Bohnental schwer.

Dorf im Bohnental

Idyllisch liegt Dorf im Bohnental an den südlichen Ausläufern des Schwarzwälder Hochwalds. Rau wehen da die Winde im Spätherbst, nass füllt das Dunkle die kalte Zeit des Jahrs. Doch lacht auch die Sonne hell und warm vom blauen Himmelszelt, die Vögel singen, die Hecken blühn, die Blumen leuchten in allen Farben und erfreuen bunt und abwechslungsreich Auge und Herz. Streuobstwiesen mit reicher Frucht hängen an Hügeln bis hinauf zu den Höhen, von denen man schauen kann bis zur nördlichen Grenze des Saarlands und über die südliche hinaus nach Frankreich. „Bergtrolle weisen verirrten Fußgängern den richtigen Weg. Gute Gnome und engelhafte Feen flüstern ihnen frohe Gedanken ein." In einem Wanderparadies befindet man sich hier.

Die Dorfer sind wie das Wetter und die Natur. Wie der heimische Mischwald alle Baumarten aufweist, haben ihre Charaktere von jedem etwas, von allem ein wenig.

Bei ihnen lässt es sich leben, unter ihnen fühle ich mich daheim. Sicherer Wurzelraum wird mir mein geliebtes Heimatdorf bleiben, bis mir die letzte Stunde schlägt. Wenn ich bereise alle Länder und gesehen habe die ganze Welt, wird mich das Heimweh immer wieder führen nach Hause.

Jedes Jahr, wenn der Kuckuck ruft, kehr ich zurück aus der Ferne. Einmal alt und weise geworden, möge ich mich am Ende glücklich verabschieden dürfen von der Bühne des Lebens in Dorf im Bohnental.

Zweiter Teil

Die Kapelle

Droben, auf der Anhöhe im Dorf, stehet die Kapelle, deren Allerheiligstes in ihrem Innern still wacht über uns alle als ewiges Licht, friedvoll und sanft strahlend. Es ist Zeichen des Verbundenseins Gottes mit uns im heiligen Geist. Von den Bürgerinnen und Bürgern in Eigenleistung erbaut nach dem Krieg zum Dank für Verschonung von dessen zerstörenden, explosiven Kräften, wurde das Gotteshaus.
Später eigenhändig renoviert worden und ebenso auch ohne Gegenleistung alle die ständig anfallenden Arbeiten erbracht von den Dorfern. So ist sie der Stolz der Bewohner des Ortes, blickt still befriedigt hinab auf uns, die wir alle Gottes Kinder sind, denn Gott ist die Liebe in Person und allbarmherzig.
Auch als Geduld in Person richtet er nicht wie wir Menschen richten. Den selbstgefällig und selbstgerecht Urteilenden und Verurteilenden hat er mahnend zu sagen: „Wer ohne Sünde ist, werfe den ersten Stein!“ Den steilen Weg hinauf beschritt ich, als ich schwer gekränkt und verbittert war, fand drinnen so tiefen Frieden, eine solche Stille, so andächtige Sammlung, dass ich den Abstieg ins Tal hinab mit erleichtertem und frohem Herzen, leichtfüßig, mit leuchtenden Augen, wie befreit von Zentnerlasten, beschwingt und wie von selbst lief, als hätte ich die frohe Botschaft allen zu verkünden.
Nur noch in Gottes freier Natur kann ich gleiches finden: meinen Seelenfrieden, meinen Frohsinn.
Keiner religiösen Institution, keiner eingetragenen Konfession gehöre ich mehr an, offiziell betrachtet, doch im heiligen Innenraum der Kapelle kam ich in meinen Seeleninnenraum, in dem Gott als Überseele mir die gleiche Vergebung schenkte wie allen anderen, die regelmäßige Kirchgänger und Befolger aller Riten und Zeremonien sind.
Als ich mich betrübt, zermürbt, erschöpft hinaufgeschleppt hatte auf die Anhöhe und erleichtert und entlastet wieder

hinab meine Beine eilten, strahlte ich wie Hans im Glück. Und es klingt nun in meinen Ohren lieblich noch nach meiner Großmutter Gesang: „Droben stehet die Kapelle, ...“ Droben, auf der Anhöhe, dem Dorfgemeinschaftshaus „Alte Schule“ gegenüber, stehet die Kapelle, die Josefskirche in Dorf im Bohnental, blicket still ins Tal hinab.

50 Jahre „St. Josef"

Die schöne, die prächtige Kapelle,
dem heiligen Josef geweiht,
uns allen ist sie eine Quelle
des Friedens und der Frömmigkeit.

In ihr feiern wir heilige Messen,
es wird am Altar zur Frau die Braut.
Niemand soll es je vergessen,
wie das Kirchlein ward erbaut.

Von fleißigen, schaffenden Händen
wurde vollbracht das Werk vor fünf Jahrzehnten.
Viele redlich ersparte Spenden
erreichten, was die Dorfer lange ersehnten.

Wir von „St. Josef" aus Dorf im Bohnental
erwarten Euch, mit uns zu feiern das Fest.
Kommt, ihr lieben Leute, in ganz großer Zahl,
kommt zu uns alle, ohne Rest.

Bei der 50 Jahrfeier unsrer großen Kapelle
gibt's Speisen, Kuchen, Bier und Wein.
Ein froher Sinn unser Leben erhelle,
wir laden Euch ganz herzlich ein.

Frühlingserwachen

Schneeglöckchen und Krokusse, erste Frühlingsboten blühten schon froh, ankündend lichtere und wärmere Tage des Lenzes. Frost und Schneegestöber nach der Mitte des Februar zwangen sie wieder in die Knie.

Bereits stark und fest standen sie, sich unbesiegbar wähnend, voller Kraft und Übermut wie alle Kreatur in ihrer Blütezeit. Über Nacht kam er wieder, der strenge König des Eises. Den Blümchen fuhr Schreck in Stängelglieder.

Zeit ist es nun, dass der weißbärtige Regent abtrete, und wir wieder singen können unser Lied von seinem Scheiden.

Dem Winter mag es weh tun, uns aber lacht das Herz vor Lust und Freude.

Drei Jahreszeiten werden wir ihn nicht missen: Blütezeit, Erntezeit, Zeit der Stoppelfelder und der hoch fliegenden, angeleinten Drachen. Danach erst darf er wieder hereingeschneit kommen.

Nun aber beginne ein neues Öffnen im Zyklus von Werden und Vergehn: Auferstehung des Lebens vom Todesschlaf.

Hochzeit der Natur ist hoch an der Zeit.

Das Auge soll sich ergötzen können an frischem Grün und bunten Farben. Das Herz schlägt wieder höher nach dunkler Schwermut in der Brust. Frischer Duft von erwärmter Erde lockt Stubenhocker aus dem Haus. Vogelgezwitscher verheißt Urlaub dem Seelenarzt.

Frühlingserwachen treibt Lahme zum Gehen, Blinde zum Sehen. Gefangene fühlen sich befreit auf Fluren, wenn Lerchen singen hoch in den Lüften.

Der Puls pocht überschwänglich und rythmisch Dankeslied und Lobeshymne.

Wonne und Glück in lauer Luft machen uns leicht, schwerelos wie Bewohner himmlischer Gefilde, dass unsere Schritte hüpfen und tänzeln im Frühlingserwachen.

Ein Freudentag

Den 17. Tag im März zeigt das Kalenderblatt. Die blaue Säule des Thermometers ist deutlich gestiegen. Hell strahlt das Licht der Sonne schon den ganzen Tag. Erstmals glauben auch Singvögel in höchstem Entzücken ganz an die Wende, trällernd, jubilierend, frohlockend.
Einen Mann sah ich schon, der mit der Hacke Schollen bearbeitete, mit keimender Vorfreude sein Hobby beginnend. Heute ist alles anders, ein besonderes Datum: Frühlingserwachen 2005.
In der lauen Wärme sitze ich hinter meinem Elternhaus im Garten, die Nachmittagssonne lacht mir froh und heiter entgegen. Mein Blick fällt auf vier aufgestellte Kästen, zwei gelbe und zwei grüne, bewohnt von vier Bienenvölkern. Während auf einem nahen Baum der Tauber balzend gurrt, bringen Bienenschwärme erste lohnende Pollenbeute ein: Ein Freudentag für Menschen, Tiere und Pflanzen.

Erster April

Schneeglöckchen und Krokusse blühn schon lang. Es beginnen nun auch Osterglocken ihre Blütenkelche zu öffnen, gelb leuchtend wie die wärmende Sonne, die stetig an Durchsetzungskraft gewinnt. So dass Bienen arbeitseifrig ausschwärmen und Singvögel Konzerte geben, die schöner sind als Danklied und Lobgesang in der Kirche.
Der Frühling ist ein Gedicht, das meines verblassen lässt. Es steht nicht auf Papier, es durchwest uns alle bis ins Mark, scheint übernatürlich wie lustvolles Lachen der Schöpferin beim Liebesspiel mit dem Schöpfer. Der Gott verkehrt mit der Göttin, um neues und frisches Leben zu schaffen im Frühling. So scheint es mir am ersten Tag des April, an dem freudiger Übermut zum Scherzen reizt.

Kurzer Kampf um Immobilien

Kälteeinbruch vor Ostern, noch ein Aufbäumen des Winters in den letzten Zügen.
Spät war es schon im Jahr, um Vögeln bei der Brut zu helfen.
So beeilte ich mich, zwei neue Nistkästen anzubringen, einen am Kirschbaum, den andren am Apfelbaum im Garten meines Elternhauses. Der Verein, ein Hilfswerk für die gefiederten Freunde des Menschen, Naturschutz allgemein im Sinn, hatte mir die Brutstätten zur Verfügung gestellt.
Bei meinem Werk schien es mir, als beobachtete man mich.
Die Arbeit getan, den Hammer in der einen, die Dose mit den Nägeln in der andren Hand, bestätigte sich: Mein siebter Sinn lässt sich kaum täuschen.
Aus Gesträuch war ich beobachtet worden von winzigen Vogeläugelchen. Kaum die Behausungen aufgehängt, stritten sich schon vier Meisen um die eine am Kirschbaum.
Zwei Pärchen kämpften um das eine der zwei identischen Vogelhäuser. Nachbarschaftsstreit, der mir bekannt vorkommt.
Nur sind Vögel einsichtiger, vernünftiger als wir, dies der Unterschied. Eines der Pärchen ließ rasch locker, bezog den Kasten am Apfelbaum. Ohne Prozess und ohne Aktenkram, schnell und unkompliziert war beigelegt die Fehde: kurzer Kampf um Immobilien.

Drei - Kreise - Stein im Sollbachtal

Die Bannbezirke der drei Gemeinden Schmelz, Tholey und Wadern treffen sich am Stein.
Die Kreise Saarlouis, St. Wendel und Merzig fließen zusammen am Mündungspunkt, vom Stein markiert.
Der Drei - Kreise - Stein im Sollbachtal, errichtet anno 2002 als Nachdenkmal im Sinn von Einheitsbewusstsein in der Vielfalt. Dies tut not in der Menschenwelt.
Einheitsbewusstsein in bunter Vielfalt, wo ließe es sich besser finden als in Gottes freier Natur?
Nicht in Siedlungsnähe hat man den Stein aufgestellt, bewusst wohl platziert im einsamen Sollbachtal.
Einsamkeit ist da nicht leidvoll, wo er steht, natürliche Einsamkeit ist hier höchst beglückend.
In der Kirche find' ich solche Stille, diesen Frieden, so tiefe Andacht nur, wenn ich allein und einzig in ihr Gast bin.
Am Sollbach, hier am Stein, ist eine Kirche der Natur, selten besucht von Menschen, Gott sei Dank.
Ich bin kein Heiliger, werde nicht bestattet in Gotteshäusern der Pfarrei.
Gut so, als Heiliger angebetet zu werden, das wollte ich nicht. Der Drei - Kreise - Stein im Sollbachtal, er wär‘ mir lieb als Grabmal für die letzte Ruhe.
Unnötig wär's mich zu segnen an meinem Grab: „Herr, gib ihm die ewige Ruhe und das ewige Licht leuchte ihm, lass' ihn ruhen in Frieden.“ Ohne Gebet wär‘ ich gesegnet in meinem Paradies auf Erden.

Wenn die Hecken blühn

Kurz vor Eintritt in den Wonnemonat erblüht mir die Seele so wonnig wie niemals im Jahr. Die Zeit des Heckenblühns ist mir im Jahreszeitenzyklus die seligste, es kommt zur Blüte dann mein Herz.

Wenn Schwarzdorn und Weißdorn stehn in voller Pracht, feire ich das Leben in Gottes freier Natur, die sein Wesen dann, Leidenschaft ankündend, durchpulst, aus unauslotbarer Tiefe hoch mich hebend. Den Sinnen als Paradies erscheint das Ringsum im Hören, Sehen, Riechen. Es schmeckt die Luft, antastend mich, nach frischem Blühn. Der Lerchen hoch fliegender Gesang nachhallend tönt im nun voll besetzten Orchester all der vielen vom Süden heimgekehrten Vögel wie aus Lebens-, aus Freudenquellen mir in meine nimmersatten Ohren, mit vollem Jubel, mit Entzücken mich erfüllend, das Chorkonzert. Das Innen und das Außen treffen sich im Vollklang einer Harmonie, die auch sonst nur weltlich Gesinnte tief beglückt, als bliese Pan die Flöte höchstpersönlich und als zielte Amor schon auf Herzen. Im Insgesamt des Blühns, des Trällerns, Zwitscherns wandre ich von der Anhöh durchs Waldidyll ins Tal. Wie aus Himmelshöhn bring einen Funken Seligkeit ich mit hinab den Menschen, beschwingt, tänzelnd mein Schritt, mein Gang. Nicht gern nehm ich Abschied vom Bohnental, gültig für die gesamte Sommerzeit der Uhr.

Auch darin bin ich ähnlich dem wortgewaltigen Kollegen aus dem nächsten Talkessel gen Osten, der von sich sagte, dass er den Hügelring nie verließ.

Am allerschwersten fällt mir der Abschied, wenn die Hecken blühn, Landschaftsbilder schneeweiß tupfend. Ich freie dann die Seele des Alles, die auch in meiner Brust die Wollust am Leben reizt mit ihrer höchsten Liebeskunst und der voll erblühten Schönheit ihrer Natur zum baldigen Höhepunkt. Die Hochzeit kommt nun gleich, die Frucht zeugende Zeit der Wonne. Es nahen die Wochen des Fliederdufts,

süß und schwer berauschend in Maiennächten voller Lieblichkeit.
Wie Vorfreude auf Liebesrauschnächte ist mir die Zeit, in der die Hecken blühn wie Brautkleider, ankündend Hochzeitsnächte, zu zeugen Leben aus Lebensquelle, aus Freudenquelle.
Die Natur ist geschmückt für die Hochzeit mit Gott, wenn die Hecken blühn wie Brautkleider, weiß.

Daheim

Auf der höchsten Erhebung des Neipeler Banns stehn Fichten mittleren Wuchses, halbstarke Tannen. Eine Lücke teilt sie in zwei Hälften wie auch auf dem Lückner im Hochwald. Da sitz ich auf der Bank, die erwärmt ist von erstarkter Sonne nach der dunklen Zeit des Jahrs. Es schmeckt die Luft, antastend mich, nach grünen Trieben, frischem Blühn. Turmhohes Mittagsgeläut von „St. Josef" aus Dorf im Bohnental und von „St. Katharina" aus Scheuern hallt lang noch nach. Es versetzt mein Gemüt in Ruhe und befriedigt mich wie Mutterbrüste friedlich satt. Kinderrufe und ein paar Motoren aus dem Bohnental bereichern heute wie aus weiter Ferne die Klänge der Stille.
Es pausiert auch das Orchester all der vielen vom Süden heimgekehrten Vögel, das mir vor dem Glockenschlagen wie aus Freuden-, aus Lebensquellen in meine nimmersatten Ohren tönte vielfältig, reich instrumentiert.
Auch die kleinen Sänger, die gefiederten Freunde des Menschen, halten Mittagsruhe in knospenden Wipfeln.
Glücklich bin ich heute wie ein Kind, nichts habend, nur seiend mit wachen, klaren Sinnen, dem Himmel so nah und doch hier und jetzt in heimatlichem Grund verwurzelt, daheim.

Eine Stunde aus dem Leben eines Taugenichts

Aufblühend, auflebend beim Gipfelblick über das Bohnental, Standort „Hohlt“, nach dem steilen Anstieg über den Mühlenberg staun ich kindlich.
Wie der hoch kreisende Bussard sich schraubt in Wolkennähe, auch meine Stimmung in euphorische Jubelhöhen steigt.
Wüssten die großen Meister der Malkunst von diesem Ausblick, sie säßen in Reih und Glied hier oben, aufs Höchste gefordert, kunstfertig zu pinseln auf der Staffelei, was sie schauten im Atelier der Natur.
Hell lacht die Sonne vom strahlend blauen Himmel.
Kleine Wolkenschiffchen, passagierlos leicht, durchkreuzen schwebend die Himmelsbläue.
Farbtöne, unglaublich abwechslungsreich getupft in Landschaftsbilder, in denen lau die Frühjahrsluft sanft weht.
Weiß blühn Hecken und Kirschbäume, sattes Grün in großen Inseln sprießt, den Wiederkäuern wird es munden.
Streuobstwiesen mit alten, auch mit jungen, kürzlich erst gepflanzten Bäumen, das Mosaik noch mehr bereichern, nicht zählbar seine Teilchen.
In rot und in schwarz leuchten aus dem Tal die Häuserdächer in die Augen mir.
So zahlreich die Vogelstimmen im Konzert, sie zu unterscheiden ein Gehör erfordert, absolut.
Fasanenbalzruf, heiseres Gekrächz der Krähe, Gebell eines scharfsinnigen, wachsamen Hundes, von fern Motoren und Menschenstimmen dringen mir ins Ohr wie Friedensklänge.
Von Sekunde zu Sekunde alles anders, immer neu das Dasein fließt. Dies insgesamt die Sinne fordert, sich ganz hinzugeben Gottes Sein. Es ist in Worte nicht zu fassen, und wäre ich der Freiherr Josef von Eichendorff.
Verliebt in die Liebe zum Dasein bin ich, verliebter Narr, bis über beide Ohren im April, entrückt, verrückt, dem Himmelreich so nah wie ein Kind, das sich selbst vergisst im Spiel.

Vereinsmenschen, Natur und Vögel zu schützen mit helfenden Händen, sich fleißig mühen ehrenamtlich.
Die lob ich mir, die ehr ich, ihnen dank ich.
Ohne sie wäre verwehrt, vermiest mir längst der Genuss in intakter Natur am Gipfelerlebnis.
Mit leuchtenden Augen vom Gipfel ins Tal hinab ich wandre, mein Freudenlicht zu strahlen den Menschen in die Gesichter, auch sie zu erhellen mit frohem Sinn.
Eine Stunde aus dem Leben eines Taugenichts, vielleicht taugt sie, in Poesie gekleidet, einem Menschenherzen als überspringender Funken Freude.

Am Lindscheider Waldborn

In der Woche vor Weißen Sonntag sitz' ich am Lindscheider Waldborn auf der Bank, oben am Hang, Nähe Kegelbahn, wo früher das Pfingstfest gefeiert wurde.
Des frühen Nachmittags Schläfrigkeit steckt mir in den Gliedern, macht meine Augenlider schwer.
Ein Gähnen öffnet meinen Mund weit. Es erübrigt sich, die Hand vorzuhalten, ich bin allein und unbeobachtet von Menschenaugen.
Kühl berührt mich die Luft in der Brise eines leichten Windes, unbehaglich kühl, fast kalt.
Grün sind die Wiesen und die Nadelbäume, während das Laubgehölz seine ersten Blättchen mit zaghafter Vorsicht austreibt, misstrauend dem Wetter.
Die Vögel singen ihre Hochzeitslieder heute zurückhaltend, noch nicht ganz verliebt in die Liebe, mit halbem Herzen nur zwitschern und trällern sie, lauwarm ihre Gefühle.
Gluckernd ergießt sich Wasser in die gefüllten Kneipptretbecken, die noch niemand benutzen will.
Der Gedanke an eine Kneippkur in den Bassins lässt auch mich frösteln und treibt mir eine Gänsehaut auf die Arme

und Beine, begleitet von einer Welle leichten Schauderns.
Eine solide und massiv aus Holz gebaute Schutzhütte, ein großer Weiher, ein kleiner Teich, viele Bänke und Tische machen aus der ganzen Anlage ein Naherholungsgebiet. Viele Menschen können es in schöner Natur nutzen zum Ausspannen und Entspannen, zum Auftanken frischer Lebensenergie.
Halb bewölkter Himmel gibt mal die Sonne frei, mal schirmt er ihr Licht und ihre Wärme ab.
Insekten fliegen in mäßiger Anzahl, eine Hummel tangiert mich brummend, eine Honigbiene summt einsam das Solo ihrer Flügelschläge nah über dem Boden.
Stufenweise fließt an drei Stellen das Wasser gurgelnd aus Rohren vom Hang hinunter und schließlich in den Weiher ein, in dem dicke Karpfen an die Oberfläche kommen und nach vereinzelt fliegenden Mücken schnappen, von einem kurzen Platschen begleitet, das die Körper der Fische im seichten Ufergewässer verursachen mit ihren Flossen.
Mehrere kleine, aus Holzplatten gezimmerte Häuschen dienen den Enten als Schutz und Rückzug, auch zur Übernachtung.
An den Ufern kleben Froschlaichinselchen als grünliche Blasengebilde.
Die Motorengeräusche einiger Autos, eines Traktors und eines Flugzeugs bilden einen Kontrast zu der sonst fast lautlosen Örtlichkeit. Nachdem sie nun abgeklungen sind, vertieft sich die verbleibende Stille der Umgebung bis in ihren Grund, in die Quelle des Seins.
Still, innerlich ruhig und gesammelt, verlasse ich die Anlage. Der grünlich braune Sandsteinfindling verabschiedet mich mit einem Gruß ohne Worte, aber beeindruckend tief und echt, als ein Zeuge der Zeiten.

Kirchgang am Weißen Sonntag

Der Himmel blau in strahlend heller Sonne lacht. Die Luft duftet frisch nach Frühlingsmorgen. Den Kirchenvorplatz schmücken an Masten aufgehängte Fahnen: zwei rotweiße, zwei gelbweiße.
Die Menschen versammeln sich vor dem Gotteshaus, die Herren gekleidet in adrette Blazer, die Damen in elegante Kostüme und Hosenanzüge.
Es werden Schwätzchen gehalten und ausgelassen heitere Späßchen gemacht, über die man entspannt und frohgemut in guter Absicht und guten Willens lacht.
Um ein Viertel vor zehn wird es ruhiger, die meisten gehen in die Kirche.
Das Vogelkonzert erreicht wieder meinen Gehörsinn, frühlingshaft reich und vielstimmig instrumentiert.
Der feierliche Einzug ins Haus Gottes ist gekommen.
Die Blasmusikkapelle spielt zu Ehren des Heilands und Erlösers, der Pastor schreitet würdevoll hinterher, 18 Mädchen in ihren blütenweißen Kleidchen und acht Buben in neuen schwarzen Anzügen folgen nach. Ihre Kommunionkerzen halten die Kinder in ihren Händen.
Am Schluss geht die Messdienerschaft, in lange Gewänder gehüllt.
Um 9.55 Uhr setzt der Organist gekonnt mit dem Orgelspiel ein. Die Gemeinde beginnt bald darauf zu singen: „Lobet den Herren, den mächtigen König."
Den Kommunionkindern wünsche ich für heute und für ihr weiteres Leben auch die innere Kommunion mit dem Christuskönig im heiligen Sakrament der Eucharistie, das sie an diesem Weißen Sonntag zum ersten Mal empfangen und feiern dürfen festlich.
In ihren Gesichtern strahlt glänzend ihr Seelenlicht rein und klar.
„Der Leib Christi", spricht der Pfarrer, die Kommunionkinder bestätigen und bejahen mit „Amen."

Unterm blühenden Apfelbaum

Freundschaftlich und zärtlich liegt meine Hand an seinem Stamm, ergriffen schaue ich hoch am Apfelbaum.
Es prangen tausende von Blüten an seinen Zweiglein, weiß die geöffneten, rosa die geschlossenen, die einen mutiger, die andren zaghafter.
Grün treiben zarte Blättchen hervor ins Sonnenlicht, das sie anregt zu wachsen in die helle, klare Bläue des Himmels.
Viele Jahre zählt das Leben des Apfelbaums, mehr als meines, das nun den 50. seiner Blütenräusche erleben darf.
Er steht ganz nah und dicht bei meinem Elternhaus, an dessen westlicher Giebelseite.
Mein Herz blüht mir so froh wie der Apfelbaum lacht in seiner blühenden Krone.
Meine Seele tankt in vollen Zügen Freude, feiert dankbar ihr Dasein. Während der Kuckuck aus naher Waldung ruft und Vögel meisterlich singen, trägt eine Brise süß und schwer berauschenden Fliederduft mir zu, der mich im Insgesamt meines Erlebens vollends versinken lässt in tiefe, selige Maiwonne.
Erfüllt, gestillt bin ich am Busen der Natur, unterm blühenden Apfelbaum.

Auf dem Schaumberg

Unter blühenden Kastanienbäumen halte ich Rast auf einer Bank, die auf dem Schaumberg die Wanderer einlädt, die Ruhe und Stille zu genießen.
Außer mir keine Menschenseele anwesend, ich darf ungestört die Seele baumeln lassen wie ein glückliches Kind, das sein Lieblingsversteck aufsucht, mit sich allein sein zu können.
Der Ruf eines Solisten übertönt den Chor der vielen Singvögel, die beherrschende Stimme des balzenden Kuckucks. Jetzt, im Wonnemonat Mai, wäre hier der richtige Platz, die Liebste zu freien mit heftig und leidenschaftlich pochendem Puls, heißem Blut.
Die Liebe zu erleben würde passen zum hier oben errichteten Mahnmal des Friedens, denn im Krieg wird ja der Hass gesät, geschürt, populär gemacht, propagiert.
Das Allzumenschliche nenne ich ihn, den Hass.
Die Liebe aber halte ich hoch als das Menschliche.
Es macht mir oft schwer zu schaffen, das Allzumenschliche, der Hass. Um darüber zu stehen, steig ich noch höher himmelwärts, auf den Turm. In schwindelnder Höhe befinde ich mich nun, hab' klare, weite Sicht über die Landschaft der Umgebung, mit ihren bewaldeten Höhenzügen und den schmucken, idyllisch in den Tälern eingebetteten Dörfern. Darüber hinaus schweift mein Blick bis nach Rheinland-Pfalz und nach Frankreich.
In meinem Geist ertönt wohltuend Reinhard Meys Gesang: „Über den Wolken muss die Freiheit wohl grenzenlos sein." Erhobenen Herzens und dies Lied summend, steig' ich wieder hinab und fühl mich jetzt wieder stark genug, den Niederungen des Allzumenschlichen gegenüber zu treten und stand zu halten nach meiner Rückkehr vom einsamen Gipfel in die Täler der menschlichen Behausungen. Gelassenheit, Kraft, Mut und Lebensfreude schenkte mir mein Besuch auf dem Schaumberg.

Spaziergang zum Ritzelbergkreuz

Auf dem weichen Boden des gewundenen Pfades geht's durch schattigen, urwüchsigen Laub-, Nadel- und Mischwald hinauf zum Gipfelkreuz.

Nach nur 25 Minuten des Wanderns durch abwechslungsreiches Waldidyll erreicht man das Ritzelbergkreuz, an dessen Fußende ein Bänkchen verlockend zum Ruhen reizt.

Die Vögel singen in so vielen verschiedenen Stimmen und Sprachen, dass es mir am heutigen Pfingstsonntag fast so scheinen will, als hätte der Heilige Geist Einlass gefunden in ihre Seelchen. Hier oben befindet man sich in einer Baumwildnis mit viel Unterholz und einem grünen Teppich aus Gräsern und Kräutern am Boden, der zu allen Seiten steil abfällt in die umliegenden Täler. Ich höre und spüre angenehm den kühlenden Wind, der rauschend durch die belaubten und benadelten Äste streicht, lebendig, doch auch uralt und geheimnisvoll.

Die Bäume knarren, sich wiegend droben in den Lüften. Aus Hasborn sind Motorengeräusche und das Gebell vereinzelter Hunde zu hören. Mit seinen rot gedeckten Dächern, die hell in der Sonne leuchten, scheint der Ort durch die grünen Zweige einladend hinauf zu winken zu mir, meiner Frau und unserem vierbeinigen Pflegekind „Jimi Spürnase".

Nach einer halbstündigen Rast steigen wir auf dem Rundweg nach links hinab, von rechts waren wir herauf gekommen. 20 Minuten später stehen wir wieder am Waldparkplatz, erholt, gestärkt. Meine Frau sagt mit einem entspannten Lächeln auf dem Mund und mit rosigen Wangen im Gesicht zu mir: „Schreib doch ein Gedicht in Prosa über unseren Spaziergang zum Ritzelbergkreuz, damit auch andere etwas davon haben!"

Hiermit hab' ich ihren Auftrag erledigt, dies Werk vollbracht und bin zufrieden mit mir, den Menschen, Gott und der Welt.

Über Schwollen

17 Uhr Geläut der Glocke vom Heiligenbösch ertönt von der Höhe gegenüber.
Lerchengesang über grünen Feldern, auch anderer Vögel frohlockendes, jubilierendes Gezwitscher trällert aus nahen Waldungen, deren Ausmaße so gewaltig, so riesengroß überziehen den Hunsrück hier, dass Wolf und Luchs Reviere fänden, Nahrung genug, einen reich gedeckten Tisch, feist die Winterzeit zu beginnen, sie gut zu überstehen. Fänden sie Heimat im Hunsrück, Förster erfreuten sich am Rückgang des Baumverbisses, Bauern hätten keinen Grund mehr zu klagen über Schäden auf ihren Feldern.
Raps leuchtet mir von westwärts in die Augen hell, in starkem Gelb, doch unaufdringlich, nicht aggressiv.
Ruhig liegt Schwollen still im Tal, das von Wäldern allseits umgeben ist, von belaubten, auch von unüberschaubar weiten Flächen Nadelgehölzes. Umschlossen von ihnen ruht der Ort friedlich. Der Schwollener Sprudelbetrieb wochenendleer lautlos liegt, feierabendlich stumm, die Maschinen pausieren.
Wenige Motoren, eine Kettensäge von fern, keine einzige Stimme zu hören.
Die Natur, fast noch ganz unberührt, meine Sinne aus Lethargie, aus Apathie zu Leben erweckt, aufleben lässt.
Sinnlich erfahr ich Feriengast Seelenfrieden, der in freudiges Aufblühen über Schwollen mündet, ozeanisch, wie festtags feierlich gestimmt.
Still wird aus Frieden Freude im Wonnemonat.
Zehn schöne Urlaubstage vergangen, ihnen nachtrauernd, blitzt unvergessliche Erinnerung mir auf.
Pfingstmontag, drei Bachen aus Dickicht von rechts den Weg kreuzten, nach links zu verschwinden ins Holz, huschende drei Schatten, von schnellbeinigen Knäuelchen gefolgt, gestreift braun und weißlich gelb, die winzig Kleinen, ganz frisch geworfene Frischlinge, im Gefolge ihrer

massigen Mütter.
Froh lachte mein Herz, das meiner Frau ging auf, sich weitend und hüpfend vor Glück.
Als alljährliches Ferien-, Urlaubsziel, die Örttlichkeit, die Landschaft wäre geeignet gar wohl, gar gut. Kaum so gedacht, da, aus einem Flugzeug drei Fallschirmspringer gleiten, lautlos schwebend zur Erde.
Blau, grün und rot ihre rechteckigen Schirme leuchten.
Schon nach kurzem Gleitflug landen sie am Ortsrand von Schwollen, die drei Abenteurer, stolz auf die bestandene Mutprobe.
Eine Runde spaziere ich noch mit meinem Hund, das Reh auf der Wiese flüchtet sich in nahe gelegene Bäumchenkultur, Deckung sucht es und findet sie in der Schonung.
Es hätte beruhigt weiter äsen dürfen, mein Hund war vorschriftsmäßig angeleint.
Nach dem Rundgang beginnt Regen in dicken Tropfen zu prasseln auf mein neben einer Bank geparktes Auto.
Von 1700 auf 1800, ich wachse 100 Millimeter im Mairegen über Schwollen. Nur die Kinder glauben's mit närrischem Maigänserich, dem vergangen war das Lachen in letzter Zeit.
Mit meinem wieder zurückgekehrten Humor sinnier ich für mich: Ganzjahresnarr, den Stempel mag ich noch dulden, halb nur jedoch, wohlweislich.
Halbjahresnarr, dieses Etikett wär wohl besser, klüger gewählt. Zähl ich die hellen und die dunklen Tage je zusammen, kommt's wohl hin so ungefähr, sag ich mal.
Über Schwollens Schieferdächern war hell dieser Tag, auch bei bewölktem Himmel. Es strahlte das Licht meiner Seele aus meiner Mitte hinaus in die Welt.
Erholt, erfrischt, der Atem schwingt wieder rhythmisch, ohne Stockung, frei.
Ich atme auf, wie erleichtert von Zentnerlastern hier und jetzt über Schwollen, verliebt ins Dasein und Sosein.

So endet dieser Tag selig, himmlisch, wie auf Wolken schwebend für mich. Schmalzig, sentimental geschwollen, mag mancher denken an diesem Punkt, hier am Schluss meines Tagebucheintrages.
In Schwollen geschwollen zu sprechen, für die Gegend ist es nicht typisch, wirkt seltsam sonderbar, wie auch in meiner Heimat. Mögens die Schwollener, die gehärtet sind von rauem Hunsrückklima und hartem Lebenskampf, dem Dichter vergeben, verzeihen ihm sein empfindsames, sein zartes Gefühl.
Und dass sie doch nicht nur Draufgänger wie den Schinderhannes allein bewundern, auch achten den sensiblen Poeten. Bodenständige, vom Wetter gegerbte Hunsrücker bitt ich, nachsichtig zu belächeln mein Abheben vom Grund und Boden ihrer Heimat in überschwängliche Jubelhöhen.

Wo glückliche Kühe weiden

Umgeben von herrlicher Natur, stehe ich auf dem braunen Grund des Wegs, hinter mir Wald, vor mir eine Viehweide. Im letzten Drittel des Mai befindet sich die rote Ziffer auf dem Monatsblatt des Kalenders, die den heutigen Tag anzeigt. Es ist ein Sonnentag, ein sonniger Sonntag.
Meine Sinne tanken in vollen Zügen aus dem unerschöpflichen Reservoir der Liebesenergie, die Gottes Schöpfung erfüllt.
Welche Schönheit, Reinheit und Unschuld zeigen mir die Bilder, die meine Augen erreichen, welche Freude empfindet mein Herz, meine Seele.
Eine Rinderherde, bestehend aus einem Dutzend Kühen, sieben Kälbern und einem Stier, grast friedlich und einträchtig auf der großflächigen, eingezäunten, sattgrünen Wiese. Azurblau strahlt der Himmel sonnig hell und klar vom Gewölbe hernieder in die von einem Bächlein durchzogene

Aue; von den Horizonten mit der Erde verbunden, das Himmelszelt.
Die Kühe mit ihren großen, sanften, reinen Augen, welch schöne Wesen sie sind, von ganz besonderer Art.
Mir kommt unwillkürlich der Gedanke, Gott müsste wohl ein Freund der Kühe sein.
Die Kälbchen gleichen unschuldigen, neugierigen Kindern, die, wenn sie sich fürchten, nach ihren Müttern blicken und sie rufen, welche ihre Leben gäben, ihre Lieblinge zu schützen und zu verteidigen. Es wird die Zeit kommen, da man einsieht und versteht, dass nicht nur die Menschen, auch die Tiere und selbst die Pflanzen Seelenwesen, beseelte Wesen, Gottes Kinder sind, von ihm geliebt.
Immerhin lässt man sie hier am Ökohof frei und artgerecht aufwachsen und leben.
Die Welt scheint wieder in Ordnung, im Lot, im Gleichgewicht zu sein, hier, wo glückliche Kühe weiden.

Meiner Mutter Gartenidyll

Kurz vor Sommeranfang sitze ich hinterm Haus auf einem weich gepolsterten Stuhl, begeistert und fasziniert vom Gartenidyll. Grüne Weinreben mit noch winzigen Träubchen ranken sich um Holzbalken, die waagrecht, senkrecht und diagonal ein leichtes Dach stützen vor der rückwärtigen Eingangstür zum Wohngebäude. Die Bedachung, vortrefflich geeignet, bei jedem Wetter Frischluft und Natur zu tanken, sie auch durch Hautporen sinnlich hungrig aufnehmen zu können, sich zu nähren satt mit Lebensenergie der kleinen Wildnis, die so gewollt ist, so geschaffen mit Müh und Fleiß. Der Wildgarten überragt an Schönheit herber Urwüchsigkeit, an höchst vielfältiger Ursprünglichkeit weit die überzivilisierte, pedantisch exakt, militärisch symmetrisch angelegte, überzüchtigte Zieranlage.

Die Wildnis regt meine Blicke an zu wandern, einzufangen alle Farben des Lichtspektrums. Ein Garten Eden, in dem ich unbewusst fast Ausschau halten möchte nach Adam und Eva, dem Baum der Erkenntnis und der um ihn gewundenen Schlange. Alle Sinne beansprucht das Paradies, aufmerksam zu sein in Stille, in innerem und äußerem Frieden, geerdet und wurzelnd im Hier und Jetzt, in der Gegenwart, in der Ewigkeit des Augenblicks ganz da zu sein. Meine Seele ist mühelos in Meditation, ohne Anstrengung und Anleitung, ohne Übung in kontemplativer Haltung, sich einfach überlassend dem Einströmen von Schönheit, Reinheit, Unschuld.

Meine Augen können sich nicht satt sehen an Blumen aller Sorten, aller Größen, aller optischen Tönungen, an Pflanzen und Bäumen, bunt, abwechslungsreich eingesät, eingesetzt und frei gewachsen. Meine Ohren lauschen der Vielzahl von Singvogelstimmen, als hörte ich ein symphonisches Kunstwerk, polyphon, meisterlich arrangiert und komponiert, unerreicht, aufs Höchste gekonnt.

Von Bienenvölkern schwärmen Arbeiterinnen aus, auch zu mir, der ich umgeben bin von Nektar bergendem Blütenmeer, das mild duftet.

Andere Insekten aller Arten fliegen, schwirren umher, die zweiten Vogelbruten steh'n gut im Futter, von ihrer Eltern reichem Fang versorgt, fett, doch auch kräftig, um bald flügge zu sein, erste Flugversuche zu starten.

Das Werk meiner Mutter auf dem Anwesen ihres zweiten Mannes zeugt von Geschmack, Geschick, Kunstfertigkeit, weiser Einsicht ins Natürliche, das aus einer Harmonie von Tun und Lassen wachsen darf.

Das Gartenidyll, von mütterlicher Liebe Hauch beatmet, ist voller Leben und Lebendigkeit.

Wie gern wäre ich ein kleines Vergissmeinnichtchen oder ein Knabenkräutlein an diesem Ort, wo meine Mutter alles liebend sein, wachsen, gedeihen lässt, zärtlich, sanft.

Meine Antwort auf ihr Lächeln wäre die Stille.

Reime des Lobes

Ein Vielvölkerstaat lebt auf der Erde, er umfasst die Bienenvölker alle.
In diesen Reimen ich sie loben werde und wahrlich sie dies in jedem Falle verdienen sicherlich in hohem Maß, weil sie auch uns Menschen geben, was unsre Gattung braucht zum Leben. Mit Nektar und Honig sie uns beschenken, sie bestäuben Blumen, Bäume, alle Blüten.
Es ist nun Zeit gut zu bedenken die Wichtigkeit, Bienen zu züchten, sie zu behüten.
Die Imkerei vor Augen führt's mir Laien, ihren Sinn sie mir deutlich macht, vollständig und ganz klar; möge sie weiter wachsen und gedeihen und dass den Züchtern Dank gebührt, ohne Zweifel ist es wahr.
Auch in diesem Jahr der Verein zum Sommerfest sich trifft in familiärer und geselliger Runde.
Vom Ort des Feierns und dem Rest wird der Vorsitz verbreiten die frohe Kunde und schon aus meinem Munde ergeht: „Wohlan denn, auf zum Fest!"

Mittagsrast

In kurzstoppelig gemähten Wiesen, von der Sonne hell gebräunt, der Grasschnitt, geigen Grillenorchester ihr Gezirpe durchdringend laut, dem der Mittelmeerzikaden ähnlich, bis am Dirigentenpult der Meister den Taktstock zum „Silencium" zu heben scheint. Es schweigt der Mittag plötzlich in Stille, die vom Kontrast vertieft wird in den Grund des Seins.
Bremsenschwärme, die unerträglich die Julihitze katapultierten noch höher, sind satt gesaugt, belästigen mich nicht mehr. Da trete ich ein in Waldschattens angenehme Kühle.
Es ruhen Natur und Kreatur in ihrer biorythmisch angeleg-

ten Mittagspause.
Leis gluckert im Tiefgewässerstand der Wolschbach mir müd Gewandertem sein Einschlaflied sanft und zärtlich vor. Es übermannt mich dunkles Nichts des tiefen Schlafs, den ich auf Waldbodens weichem Moos halten darf, ungestört mich zu erholen ganz in Waldesruhe, geschützt und beschirmt vom Dach der Baumkronen, in Frieden getaucht. Der Zivilisation so wohlig fern bin ich entzogen hier, dass meine Mittagsrast am Wolschbach ein Gedicht geworden ist, an dem auch die Menschen meiner Heimat sich freuen, ihren Anteil haben dürfen gern.

Ein heißer Sommer

Es lechzt die Kreatur nach Regen, nach des Himmel feuchtem Segen. Wald, Feld und Flur sind ausgebrannt, dem Kind verbrennt der Sand die Hand.
Es wollte spielen einfach bloß, Fantasie des Kinds ist grenzenlos. Erschrocken öffnet's seine Hände, verschanzt ins Haus sich hinter Wände, das Köpfchen legt's in Mutters Schoß.
Dem Hund hängt lang heraus die Zunge, er hechelt, dass man's weithin hört.
Heißer Atem stockt in der Lunge, und selbst die Vögel sind gestört und sind geworden stumm und still.
Sag' mir, wer da noch singen will?!
Ein warmer Sommer ist wohl schön, Ferienkinder wollen keinen Regen. Doch gössen Wolken Wasser aus den Höhn, selbst ihnen käm es höchst gelegen.
Auch nach kühlem Wind ein jeder giert, alle ächzen, stöhnen in der Glut.
Genervt, gereizt, gequält das Auge stiert; erbarm' dich, Himmel, verströme deine Flut!

Mein Naherholungsgebiet

Auf vier kleinen Rädern, bewegt von vier und einer halben Pferdestärke, ist mein Ziel möglichst schneller Flucht vor Allzumenschlichem bald erreicht, eine Urwaldparzelle am Oberlauf des Dorfer Sollbachs. Da kommen mir Kindheitsträume und Jugendphantasien von Tarzan und Old Shatterhand wieder in den Sinn.
Werd' ich von Menschen verkannt als Witzfigur, fliehe ich vorm Lästergelächter hierhin als „Tante Droll", „Hobble Frank", als „Dicker Jemmy", werde mir in meinem Urwald wieder meines Ursprungs, meines Selbst bewusst und kehre zurück unter die Menschen frisch, erholt, erstarkt, mit einem Schutzschild gewappnet vor ihrem Allzumenschlichen.
Der Urwald gibt mir Kraft und Lebensmut, dringenst notwendig zum Überleben in der Flimmerkasten-, Computer-, Handy-, Plastik-, Synthetikwelt unserer Zeit, der gegenwärtigen Ära, deren Gott Mammon heißt, ihr Merkmal und Kennzeichen Stress und Getriebe.
Zuflucht vor misstrauisch äugenden, argwöhnisch witternden Menschen ist mir mein Urwald, in dem ich ich selbst sein darf und kann: eine Persönlichkeit, ein individuelles Wesen, kein Mit-, kein Nachläufer ohne Eigentümlichkeit.
Mir zählt, was mir selbst, mir persönlich gefällt.
Was „in" oder „out" im Massengeist, ist mir gleich, bedeutungslos.
Der Urwald, meine Fliehburg ist er, mein Stecken und mein Stab, mein Garten Eden. Da heiße ich „Adam, der Zweite", mein Defizit „Eva, die Zweite"
Sie, meine Eva erwarte ich da mit tiefem und inbrünstigem Sehnen, mit leidenschaftlichem Begehren.
Und auch die Früchte vom Baum der Erkenntnis sind nicht verboten hier. Gott gibt sie frei, denn jenseits von Gut und Böse durchwest er seine Schöpfung als Schöpfer des Alles am Oberlauf des Dorfer Sollbachs, meinem Naherholungsgebiet.

Himmelsbläue strahlt hindurch sonnig

Mitte Juli durchquert er an seinem Oberlauf nur noch als Rinnsal die mit Urwald bewachsene Schlucht von Nordosten nach Südwesten, der Sollbach. Der Samstagvormittag, noch stiller als werktags, ist mir gegenwärtig, anwesend hier als Zeit natürlicher Besinnung und Meditation, um Frieden zu tanken, der durch alle meine Sinne in meine Seele mündet. Unterscheidungen von Ich und Welt fallen hinweg, und nur das Eine noch lebendig pulsiert, das Leben in Ursprünglichkeit und Urwüchsigkeit, wie es vom Schöpfergott eben erst gewirkt zu sein scheint.
Auf einem alten, moosbewachsenen Baumstamm sitzend, als lange Bank für viele Personen wäre er dienlich, auch gut als Schreibunterlage, halte ich meine Sinne offen.
Wildschweinspuren, Hinterlassenschaften des schwarzen Wildes, das, getarnt in der Farbe der Nacht, suhlte und den Waldboden aufbrach. In angenehmer, lauer Kühle dominiert das Grün. Im dichten Bätterdach klafft eine Lücke, durch die Himmelsbläue hindurchstrahlt sonnig und wie saphirnes Edelgestein.
Mückenschwärme sind zu hören als Gesumme und zu sehen als huschendes schwarzes Punkteheer, doch aggressionslos, noch satt gesaugt vom Vortag, lassen sie mir meine Ruhe und meinen Frieden, als wüssten sie von meinem Seelensehnen.
Die Vogelwelt, nicht ganz munter, pausierend nach dem Konzert der Morgendämmerung, nur leise, unauffällig, ihre Kräfte regenerierend, äußert sich zurückhaltend, zaghaft.
Schon nach einer Stunde Aufenthalt kehre ich aus paradiesischen Verhältnissen in die Menschenwelt zurück, wieder gewachsen dem, was mich an unsrer Gattung schwer erschöpft, belastet oft. Und doch auch sie die Urenergie des Urwalds am Oberlauf des Dorfer Sollbachs schmecken, kosten zu lassen, ist meines Schreibens Sinn und Zweck heute in der zehnten Tagesstunde.

Tänzelnde Libellen und bunte Falter, taumelnd vor Glück, beeindrucken mein Gemüt noch tief, eh ich geh zurück, zu schenken euch ein Stück, den Kuchen meines Seelenfriedens zu teilen mit euch.
Ich kehre mich heimwärts mit Frieden im Herzen, um Frieden zu schließen mit Menschen, die auch in ländlicher Abgeschiedenheit zerrissen sind vom Konkurrenzkampf und Leistungsdruck der modernen Stressgesellschaft. Meine Poesie aus dem Urwald am Oberlauf des Dorfer Sollbachs soll einpflanzen in ihre Herzen einen Paradiesbaum zu ihrer Erholung, damit sie für Minuten die Chance erhalten, zu werden wie kleine Kinder mit leuchtenden Augen der Unschuld und Offenheit und ohne Vorurteile und Voreingenommenheit gegenüber Anderem, Neuem, Fremdem und Urigem, Urwüchsigem, Ursprünglichem.
Urige Natur wie die im Urwald am Oberlauf des Dorfer Solbachs renaturalisiere, regeneriere gestresste, genervte, erschöpfte Menschen.
In Poesie gekleidet, soll sie überspringen als Freudenlicht in Menschenherzen.
Mit dieser Absicht aus der Sollbachschlucht über die Dorfer Höhe fahrend, kehre ich zurück ins Bohnental, meine geliebte Heimat.

„Ingrid Graciella“

Ende Oktober dieses Jahrs mache ich eine Busfahrt von der Westseite des Schaumbergs hinüber ins Sankt Wendeler Land, Endstation St. Wendel, sitze nun in des Kreisstädtchens Gasthaus „Alte Seilerei“. Die Fahrt ging durch den Traum von Nebeltälern, über denen orangefarbene Wolken den Sonnenaufgang verschleierten, dessen Morgenröte sie als Licht brechende Schwaden hindurch ließen, märchenhaft schön. Hier im Gasthaus werden nun brechen meine Liebe ersehnenden Seelengedanken rational und rationell denkende, zivilisiert genannte Menschenhirne.
Wie das Licht von getrübtem Glas, so wird meine Seele gebrochen werden. Unterliegen wird meine Seinsorientierung den Trübungen der Habenorientierten, die verschönern traumhaft die Klarheit heller Geistsonne Licht.
Mal wirkt es spaßig, mal traurig.
Es kommt an Schönheit nichts gleich der verschleierten Sonne der Erleuchtung, nur ihr Gefährte, der wolkenbehangene Mond, und die mondsonnenhaft schönen Gesichter der jungen Mädchen noch, deren schönstes den Phantasienamen „Ingrid Graciella“ trägt.

Der Bergtroll

(ein lustiges Gedicht für die Kinder der Grundschule)

Am Waldsaum, droben auf dem Berg,
steht ein kleiner Wichtelzwerg.
Auf dem Kopf die Pudelmütze,
löffelt flink er seine Grütze.
Dann rülpst er und das soll besagen:
Mich drückt der Anstand nicht im Magen!
Nun lässt er einen Pubs hinaus,
beschämt und schüchtern schaut die Maus.
Er blinzelt froh ins Tageslicht,
laut und lustig lacht der Wicht.
Gähnend reißt er auf den Mund,
das Häschen sieht in seinen Schlund.
Zuletzt schläft er am Stamm der Tanne,
hinterm Gebüsch stehts Feechen Hanne.
Süß träumt der Troll in seinem Schlummer,
die kleine Fee hat Liebeskummer.

Die Bank

Die Wartebank aus solidem Holz, als schiene sie den Zeitgeist nicht zu beachten, steht sie im Busbahnhof des Kreisstädtchens, unbeeindruckt von den paranoiden und destruktiven Schwingungen der modernen Zeit. Sie ist einfach da, gelassen, ungestört von Walkmans und Handys, dient unterschiedslos allen zum Ruhen.
Einen Körperteil zum Aufsitzen werden wir immer brauchen, bekannt als Gesäß.
Nie wird sie nutzlos sein, die unmoderne und unzeitgemäße Sitzbank aus Holz.
Sie wird bleiben und dauern, trotzend der Synthetikwelt.
Es nutzt sie täglich auch der Kurier zwischen Abtei und Missionshaus bei seiner Rückfahrt.
Dass mir meine Pommes hinab fielen zu Boden, war nicht ihre Schuld. Sie ist einfach, steht im Dasein, im bloßen Sosein, bei Tag und bei Nacht, die Bank.

Kulturzentrum Bettinger Mühle

An einem Septembertag anno 2005, der im Kalender zwei Wochen vor Herbstbeginn als schwarze Ziffer das Heute anzeigt, wähle als Ziel ich mir ein überregional bekanntes Zentrum der Kultur, die Bettinger Mühle in der Gemeinde Schmelz, der auch mein Heimatdörfchen angehört. Bettingen, Kern und Zentrum von Schmelz, Standort der Bettinger Mühle, die vom Flüsschen Prims die Energie bekommt, ihr Mühlrad anzutreiben. Die Linde auf der Mühleninsel zieht mich als erstes an, in ihren Schatten mich zu setzen auf das Bankrondell, um die Linde herum im Kreis gebaut, bietet Sitzplätze es einem Dutzend Menschen. Es kräht der bunte Hahn aus Einsamkeit, ihm fehlt der Hühnerharem vorerst. In Geduld zu üben hat er sich noch bis zur Ankunft seiner gefiederten Weiberschar, der heiß ersehnten.
Vor der Mühle rauscht der Autoverkehr vorbei, in der Mühle rauscht das Mühlrad, im Rauschen prallen Gegenwart und Vergangenheit aufeinander wie klatschende Hände. Der Ton ist ein Durchdringen aller Zeiten, im Augenblick vereint in Eines, das zeitlos west im Klang der Stille. Mennoniten waren die Betreiber der Mühle, bewirtschafteten auch das Land und hielten Vieh. Hart und schwer war ihre Arbeit, schweißtreibend, die landwirtschaftlichen Geräte ihrer Zeit legen noch Zeugnis davon ab stumm und still im Schuppen. An einer Erle bei der Brücke steht ein Holzwagen, mit Eisen beschlagen seine Räder, auf deren einem der Gartenrotschwanz wehleidig ein Lied vom Wandel singt.
Herbstwind treibt die ersten gefallenen Blätter vor sich her, in Wirbeln tanzen sie, dienend dem Herrn der Lüfte.
Die Mennoniten dienten dereinst im Pneuma Gott in ihren Messen. Natur, Kultur und Religion sind unzertrennlich eine ganzheitliche Einheit im Hier und Jetzt, das ohne Anfang, ohne Ende ewig atmend ist. Die Spirale des Seins dreht und wandelt sich außen, aus ihrem Zentrum das Absolute tönt wie Urlautstille hervor in die Realität.

Die Prims ehrfürchtig einen Bogen um diese Stätte macht, so scheint es, so denkt das Menschenhirn, beschränkt in seinem Dünkel. Des Flusses Kraft, zu einem Teil in ein Kanalbett abgezweigt, dreht ein neues Mühlrad. Es erzeugt heute elektrischen Strom, der gebraucht wird im Backhaus, im Museum, in der Kulturscheune, in allen Räumen der Mühle und auch außerhalb. Ein bäuerlicher Lehr- und Schaugarten, kunstfertig, prächtig angelegt mit allen Nutz- und Heilpflanzen, Obstbäumen, Blumen ziert das Anwesen, auch dienlich der Ernährung und als Apotheke der Natur. Eine junge Gärtnerin, hold will ich sie nennen unzeitgemäß, setzt beide Hände kräftig, fleißig, doch auch liebevoll und zärtlich ein im schönen Garten, in dem es genug zu tun gibt stets.
In der Kulturscheune wird in 14 Tagen Mörike wieder zu Leben erweckt werden in seinen Versen.
Im Lauf der letzten Jahre ganz besonders klar und deutlich zu erkennen war in diesem Raum die Toleranz.
Der verdankte auch ich meinen Auftritt am 17. Juni 2004, denn „Ich bin nicht so, wie ich sein soll“ war mein Titel.
Die Toleranz, Kennzeichen echter Kultur, wichtigstes Lernziel für alle, nenne ich sie.
Abschiedsschmerz des Herbstes wird sich im Rad des Daseins wandeln in Wiedersehensfreude des Frühlingserwachens.
In allem Tod ist Leben, in jedem Schmerz wartet ein Glück.
So ist alles Seiende ein Schmerzensglück.
Wie in einem Kreis sind in Gott Anfang und Ende eins.
Sicher wie sonst nichts ist, dass alles in Gottes Händen liegt. Unendlich tolerant gegenüber jedem und allem lacht die Sonne hernieder vom strahlend blauen Himmel, heute, an einem Septembertag, der die Bettinger Mühle wie einen Juwel zum Funkeln bringt, edel leuchtend. Goldgräber und Schatzsucher, auf nach Bettingen, dahin, wo die Prims einen großen Bogen macht.
Einen Kulturschatz gibt es da zu heben, Reichtümer des Geistes aufzufinden im Kulturzentrum Bettinger Mühle.

Traurig

Fiepende, jaulende Todesschreie gellen erbärmlich wie flehendes Wimmern durch den hellen, klaren, sonnigen Spätnovembervormittag, bis die letzten Laute wie schwach pfeifende Töne im Nichts verhallen. Hat sein Herrchen ihn erlöst von den Qualen einer unheilbaren Krankheit?
Meine Seele blutet und meine Augen weinen.
Wäre ich das Herrchen des Hundes gewesen, ich hätte es nicht übers Herz gebracht, meinen besten Freund zu töten.
Ich stehe am „Aussichtspunkt Rothenberg".
Weit schweift mein getrübter Blick verloren in die Ferne.
Tränen des Mitleids füllen meine Augen.
Der Verkehr im Tal rollt wie immer.
Die Menschen gehen ihrer alltäglichen Arbeit nach.
Die Vögel singen wie gewohnt.
Alles ist genauso, als wäre nichts gewesen.
Nur ich, ich bin traurig.

Darüber

„Was du kannst, kann jeder. Schreiben kann ich auch. Wenn ich nur soviel Zeit hätte wie du", sagte mir gestern eine Frau ins Gesicht. „Du kannst nichts und arbeitest nicht."
Jeden Tag bekomme ich diesen oder andere Fröstler von Menschen zu hören.
Überhaupt bekomme ich nur Fröstler, keine Schmuser.
Es war wohl schon immer so bei mir.
Deshalb habe ich im Grunde schon lange resigniert, es aufgegeben, daran noch etwas ändern zu wollen.
Es nieselt anhaltend und dicht.
Ein Wetter, bei dem man keinen Hund vor die Tür schickt, sagt man. Trotzdem nehme ich meinen tierischen Freund an die Leine und gehe hinaus.

Nachdem mein Vierbeiner und ich das Dorf hinter uns zurück gelassen haben, kommen wir auf die Höhe.
An der Kreuzung zweigen wir links ab.
Der Weg ist eben. Ganz langsam bewege ich meine Beine voran. Ein starker Wind treibt mir den Regen ins Gesicht. Es fühlt sich gut an. Die kalte Nässe hebt mich aus meiner Resignation und Depression heraus, unsanft und doch angenehm.
Ich beginne wieder zu spüren, dass ich lebe.
Die Bäume bewegen sich im Sausen und Brausen der Luft, Windböen treiben die tief fliegenden Wolken schneller voran.
Hier oben ist es schön.
Langsam kommt wieder Lebensfreude auf und Gelassenheit gegenüber den Menschen.
Auch mein Hundefreund fühlt sich deutlich erkennbar wohl. Ich fange an, wieder Mut zu schöpfen.
Das Leben kehrt in mich zurück und ich denke: „Ich brauche mich nicht mehr niederdrücken zu lassen von den vielen Fröstlern der Menschen. Die Natur, mein Hund und ich sind nicht angewiesen auf Menschenschmuser und lassen uns nicht herabziehen vom frostigen Klima der Menschenwelt. Um frei und glücklich zu sein, brauchen wir kein Lob und keinen Applaus."
Wie klein und unbedeutend wirken die menschlichen Siedlungen von hier oben.
Mir ist, als stände ich über dem Allzumenschlichen, das überall seit Menschengedenken unter Menschen fröstelt und Seelen kränkt.
Unbeeindruckt vom Menschengetriebe färbt der Herbst. Regenwolken ziehen gelassen. Ihnen nah, stehe ich darüber.

Eckeisen der Region

(Ein sprachliches Nachbildnis von Johannes Kühns Vorbild „Wolke berührt es“)

Wortsegel, abwechslungsreichem Landschaftsbild ein passender Vordergrundkontrast, von außen in meine Seele mündet bis in ihren Grund tief verborgener Harmonie.
Den Vögeln, Flugkünstlern, sicheren Ruhe- und Startplatz bietet, die Landschaft wohltuend ergänzt es.
Regenwolken bestürmen es, schwarz und schwer ihre Last, und begießen es.
Wasserfälle strömen an ihm zu Boden ins Erdreich.
Es lockt gelbe Regenmantelwanderer an, die ihren Gang zur Kuppe nicht vergessen.
Schwere Nebelschwaden durchstößt es mühelos leicht, schwermütiges Denken vertreibt es.
Da bleib stehen, du wirst aus Tiefen gehoben und erleichtert und beschwingt bei seiner gewaltigen Macht.
Es wird vielen Generationen den Blick einfangen und ein Dörfer, Wälder und Fluren mit einem heimlichen Staunen erfüllendes Eckeisen der Region heiße ich es.

Wortsegel

Nur eine Fußwanderung von einer Stunde vom Schaumberg aus, in einer von schmucken, in den Tälern eingebetteten Dörfern besiedelten, attraktiven Landschaft, deren Horizonte zu allen Seiten ein bewaldeter Hügelwall bildet, da steht es auf einer Anhöhe, hoch und hehr, stolz und mächtig, das Wortsegel, eine Stahlskulptur eines hier beheimateten Künstlers.
Vollendet geschwungen und in der Form gestaltet wie große Segel eines Boots, aus von rauhen Wettern an der Oberfläche gerostetem, dickem Stahl, paßt es harmonisch in die

Umgebung als sie ergänzender Kontrast.
Das Kunstwerk ist feinsinnig und einfühlsam durchdacht vom Meister, der sein Fach versteht und kennt genau, der es perfekt beherrscht. Auch von der vom Horizont gegenüber ins Tal führenden Autobahn aus zu sehen, grüßt es Reisende aus aller Welt kurz mit einem nachhaltigen, bleibenden Eindruck, der von seinem hohen Standort tief in die Seele der nur für Momente Schauenden sich eingräbt.
Besucher aus aller Herren Länder kommen, es zu bestaunen und zu bewundern und, wieder heim gekehrt, mit leuchtenden Augen ihren Angehörigen von ihm zu erzählen und zu berichten.
Alle wechselnden Wetter zu allen Jahreszeiten, viele Monde und Sonnen der Kalender werden an ihm vorbei ziehen im Kreislauf des Lebens.
Wenn der Tag dunkelnd zur Neige geht, benutzt die Eule es als hohen Beobachtungspunkt, um sich in der Nacht die kleine Maus zu greifen, die am Fuß des Monuments aus dem Loch ihrer unterirdischen Wohnung kommt, argwöhnisch, nichts Gutes ahnend, vorsichtig, nach allen Seiten witternd.
Doch, sie überraschend, kommt der Tod von oben aus der Luft.
Sie wird gefressen, wie es das Naturgesetz vorsieht seit unvordenklichen Zeiten, zu fressen und gefressen zu werden.
Der Fuchs, der Marder, das Reh, der Hase, das Wildschwein orientieren sich an ihm als einem Fixpunkt, ihre Nahrung zu suchen, immer auf der Hut, am Leben zu bleiben.
Das Wortsegel, wie ein Eckeisen der Region ragt es in den Himmel als Zeitzeuge der kommenden Epochen. Wälder, Felder, Fluren und Dörfer durchraunt ein heimliches Staunen über ein Wunderwerk von Menschenhand.

Allerheiligen

Wenn Nebel,- dichte, nasse, kalte Schleier-, grau Täler füllt und selbst die Höhen übersteigt, das Dunkle überwiegt das Helle mehr und mehr, dann siegt die Nacht.
Es fehlt an Licht, an Leben, es sinkt der Mut, die Brust wird eng.
Ein schweres Seufzen aus unsren Tiefen kündigt an die Zeit des Jahrs, die quälend lang wir mühen uns, sie zu überstehn.
Allerheiligen, ein Stichtag sticht in unsere Herzen: Es ist gekommen die schwere Hälfte, die uns prüft, Reserven fordern und verbrauchen wird.
Es tut jetzt not der Beistand aller Heiligen.
Von ihrem Licht zu zehren, sie uns gewähren mögen, damit der Gang nicht ganz so bleiern werde, und das Gemüt uns nicht versinke in hoffnungsloser Düsternis.
Trost sei uns das Dach über unsrem Kopf, die beheizte, helle Stube, das Brot, der leckre Apfel, das warme, weiche Bett und unser Glaube an diesem Tag.

Ein Abend im späten November

Hell und klar läutet eigentümlich, einzigartig und wie ein lebendiges Kind das Glöcklein der Überrother Kapelle um Viertel vor Sieben den Abend ein von unten aus dem Tal.
Aus den Lüften Kranichzüge, einer nach dem andren, ihr mich tief berührendes „frei“ hinunter zu mir rufen, der ich sitze in der Dunkelheit auf der Bank eingangs Langheck auf der Höhe.
Aus dem Bohnental der Ortschaften Lichterseen Leuchtbotschaften zu mir hochsenden.
Halblinks, des Schaumbergturms Beleuchtung einen Lichtkegel gegen den Himmel wie eine leuchtende Glocke hochschickt als hellen Schein, der den Turm umgibt, als wäre

dieser ein Heiligenkopf.
Frei fliegen die Kraniche, ziehend gen Süden. Ihre gefiederte Verwandtschaft, eingesperrt, klagt am Boden beengt aus dem Herzen, wissend um die große Freiheit ihrer Brüder und Schwestern am schwarzen Himmel.
Aus dem dunklen Wald tropft es nach dem Regen von den Blättern hernieder zu Boden. Wie Schritte von Zwei- oder Vierbeinern scheint es mir in meinem stillen Sitzen, das Aufschlagen der Tropfen auf die Erde.
Zwei Zigaretten hintereinander ist die Zeit, die ich verweile an dem Platz, wo mir die Seele heute baumelt bekümmert wie die Beine eines bestraften Kinds vom zu hohen Stuhl für Erwachsene.
Nach dem letzten Ziehen aus dem zweiten Stängel, der glimmt hell und weit, verratend meine Gegenwart im Finstren, verlasse ich die Bank. Mit der Natur versinkt auch mein Mut. Zeit ist es zu hängen die Lichter in die Fenster, um zu spenden etwas Trost dem düstren Herzen. Heimwärts trägt mich mein motorisiertes kleines, rotes Pferd, stärker als vier von denen dort unten am Allenwald.
Es beleuchtet das Licht in der Stube hell mir den Küchentisch.
Als Abendmahl wähle ich ein Butterbrot und einen rotwangigen Apfel, ausnahmsweise mal ganz bewußt genügsam.
Müde lege ich mich dann ins warme, weiche Bett und danke Gott im Denken ans Los derer, die unter Brücken schlafen müssen lange Nächte. Ihre Decken aus Zeitungspapier werden feucht von der dunstigen Luft unter der Brücke. Am Morgen werfen sie meinen Gedanken an sie zerknüllt in den braunen, reißenden, tosenden Fluß, damit er untersinke in die Tiefe wie meine Seele im späten November.
„Den Mut aufzugeben ist die einzige Sünde“, kommt mir ein rettendes Zitat in den Sinn, das den wohltuenden, erholsamen Schlaf mir bringt wie ein verfrühtes, vorgezogenes Weihnachtsgeschenk aus dem Himmel.

Winternacht im späten Advent

Ein Kind war ich noch, als ich in der Schönheit meines Alleinseins wie von fern ganz sanft und zart eine sich nahende Freude ahnte. Nur allein konnte ich es erspüren, das Ahnen eines unsichtbaren Wesens in allem.
Dann, als das Menschliche und das Allzumenschliche stumm und still geworden war in der Nacht, klopfte die Freude leise an die Tür meines Herzens.
Begleitet wurde sie von der Ewigkeit und der Erkenntnis.
Ich stand in der Winternacht vor meinem Elternhaus und war verzaubert. Alles vergaß ich, was war und sein wird, doch den Augenblick erfüllte eine Unendlichkeit des Zeitlosen.
Ich vernahm eine überaus zärtliche Stimme aus dem Kern alles Existierenden, die zu mir sprach: „Du bist bedingungslos geliebt." Der Wortsinn und seine gleichzeitige Verwirklichung waren absolut eins in der Zeitlosigkeit einer vollendeten Gegenwart.
Ich erkannte eine ganzheitliche, allumfassende, ewige Seligkeit, die hell, klar und rein wie Wasser in Fülle aus der inneren Lebensquelle alles Seienden strömte als bewusste Liebe des Alles aus dem offenen, pochenden Herzen des Kosmos.
Ich hatte eine große Erfahrung, ein überwältigendes Erlebnis, als der Schnee leise rieselte aus den unsichtbaren Höhen des nächtlichen Himmels und mein Gesicht so lieblich berührte wie Küsse von Engeln.
Während ich im Straßenlampenlicht den Schneeflocken zusah, die dann auf meiner Haut zu Wasser vergingen, das wie Freudentränen über meine Wangen rann, war die Zeit stehen geblieben in der lebendigen, ewigen Unendlichkeit des Augenblicks.
Alles war so still und so heilig, als hätte der Himmel die Erde geküsst in dieser unvergesslichen Winternacht im späten Advent.

Sechster Dezember

Die Nacht ist still und heilig schon im Advent wie im Vorwirken auf Großes, das bald kommt.
Vollmondschön und sternenklar weilt ein Wesentliches im Klang, in der Farbe, im Duft des nächtlichen Doms der Natur.
Aus Dunkel funkelt der Schnee hervor hell in die klirrende Kälte. Im Horchen schwingt, fast unhörbar leis, das Weihnachtslied von den Glockentürmen noch vor seiner Zeit als eine Vorfreude auf Frieden.
Schwanger erwartet in guter Hoffnung die Nacht im Advent das Fest der Geburt in der Krippe.
Als weiß schimmerndes Strahlen von oben zeigt weisend der große Stern mir den Weg.
Ich spute mich, meine Stiefel knirschen im harschen Schnee. Die Kinder beschere ich reichlich und gut mit Gaben, dass ihre Augen leuchten vor Freude und Glück.
Den Lichtern im Tal schreite ich zu, bevor der Morgen kommt mit Hahnenschrei und anrollendem Verkehr auf glatten Straßen. Schön ist aber doch der Winter in diesem Jahr.
Der geboren wurde vor mehr als 2000 Jahren in Bethlehem, war der Erlöser.
Wiege war eine Krippe in einem Stall auf dem Feld dem Licht der Welt, dem Begnadeten.

In der heiligen Nacht

In der Schönheit meines Alleinseins, jenseits des Menschlichen und Allzumenschlichen, da ahne ich ganz sanft und zart wie von Ferne eine Freude meines Herzens.
Die Ahnung meiner Freude kann ich nur allein erspüren, nur allein. Es klopft meine Freude ganz leis an die Tür meines Herzens, wenn das Menschliche und das Allzumenschliche still geworden ist und stumm in der Nacht.
Eine leise Freude klopft sanft an die Tür meines Herzens in der Nacht, jenseits der dunklen Träume, tiefer, in der Nacht, wenn alles still ist, in der heiligen Nacht.

Ich ahne Ewigkeit

In der heiligen Nacht, wenn meine Freude sanft hervorfunkelt aus meiner ewigen Seele, dann wird mir meine Ewigkeit in einem tiefen Ahnen zart bewusst, und ich spüre eine leise Stimme aus den Tiefen, mit der ich spreche zu mir selbst:
„Auch das Sterben wird schön."
Ich ahne Ewigkeit, die tiefe, tiefe Ewigkeit, die auch Nietzsches Herz fühlte.
Ich ahne Ewigkeit in den Tiefen meiner Seele.
In den Gründen meines Seins ahne ich sie, eine Ewigkeit, die eine Freude ist und ein Erkennen.

Nie wieder einsam

Erst sind wir Kinder, dann blühen wir auf.
Wir werden Eltern, dann haben wir Enkel
und die wieder Kinder.
Unser Leben vergeht wie Frühling, Sommer,
Herbst und Winter.
Wir besitzen und sagen „mein“ und „dein“.
Doch immer, ewig sind wir allein
und einsam.

Wir haben Familie, Freunde, Bekannte.
Wir lachen und feiern, trinken und essen.
Wir wollen vergessen,
wir lenken uns ab.
Am Ende sterben wir
und kommen ins Grab.
Es beten die Leute, es singt der Verein.
Doch immer, ewig sind wir allein
und einsam.

Es hat sich so vieles geändert, so vieles getan.
Eines bleibt gleich: der Menschen Wahn.
Mal wähnen wir uns groß, mal wähnen wir uns klein.
Doch immer, ewig sind wir allein
und einsam.

In der Vollmondnacht rieselt Neuschnee
beim Tannenwald ins weiße Tal.
Die Stille klingt sanft und mild
wie das Licht des Mondes.
Die Melancholie meines Alleinseins strahlt
lebendig und klar wie ein Kristall,
der funkelt in der silberweißen Mondnacht.
Das Herz des Kosmos pocht ins heilige
Alleinsein hinein. Immer, ewig bin ich allein,
doch nie mehr werde ich einsam sein.

Freudenlichter aus der Christussonne

Als Herzensziel, Herzenswunsch wähle ich mir die Freude. In ihr ist man glücklich und kann sein Glück verschenken an Menschen in Not, die unglücklich sind.
Mehr Wert als alles andere hat ein frohes Herz, ein froher Sinn. Von Gott erbitte ich mir Frohsinn als Himmelsgeschenk.
Gerade jetzt, da das Dunkle füllt die kalte Zeit des Jahrs, möge mein Herz doch noch lachen, und meine Gedanken mögen so froh bleiben wie der Sinn von Kindern.
Mögen Freudenlichter strahlen in unseren Fenstern und in unseren Herzen, zu erhellen und zu erwärmen die Dunkelheit und die Kälte unserer Zeit.
Freudenlicht meiner Seele, strahle weit, hell, warm und klar, damit ich es senden kann einem unglücklichen Menschen in Not, der dachte, es gehe nicht mehr, - ... bis da kam ein Lichtlein von irgendwo her, in eine stille und heilige Nacht.
Das schönste und wertvollste Weihnachtsgeschenk ist die Freude, die einer dem anderen überbringt wie ein Lichtlein von irgendwo her. Das Freudenlicht meiner Seele will ich verschenken zur Weihnacht einem Menschen, der es braucht zu wenden seine Not.
Aus der Quelle aller Freudenlichter quillt auch meines, aus der Freuden-, aus der Christussonne strahlt es in meine Seele. Geboren wurde Jesus in einer stillen, heiligen Nacht in eine Krippe und in unsere Seelen als der uns eingeborene Sohn Gottes, als das uns eingeborene Licht der Welt, das ewige Licht der das All erleuchtenden Freudensonne, als der Christus.
Die schönsten und wertvollsten Geschenke, die Menschen einander machen können, sind Freudenlichter aus der Christussonne, freigiebig und kostenlos zu verschenken von Herz zu Herz, auch, ganz besonders und vor allem an Weihnachten.

Silvester-Neumondnacht 2005

Balance von Kopf und Bauch, von rechts und links, Ausgeglichenheit, verborgene Harmonie von Ost und West und Nord und Süd, mein Neujahrswunsch ist dies für uns.
Ein neuer Mensch will ich sein, das Alte lassen, das Neue fassen. Der Herzblütenaufgang naht.
Blühen wird mein Herz und Nektarduft verströmen. Reiche Frucht werde ich schließlich tragen.
Erfüllt wird sein mein Leben.
So wird mir ein Neuanfang gegeben im neuen Jahr.
Die großen Meister waren Prototypen des neuen Menschen.
Ein neuer Mensch werde auch ich sein.
Leise rieselt Neuschnee, rein und weiß.
Es duftet alles jung und frisch.
Friedensklänge tönen mir ins Ohr.
Ich atme wie neu geboren in der Silvesterneumondnacht 2005, in der Gottes Mondauge sich wieder öffnen wird erneut.

Drei zusammenhängende Nachwörter

Selbstverwirklichung

Dumm ist der hassende Mensch, dümmer der böse Mensch. Intelligent ist der glückliche Mensch, am intelligentesten der liebende Mensch.
Der hasserfüllte Mensch ist unglücklich, der liebende glücklich. Die einen befinden sich in der Hölle, die anderen im Himmel. Wir haben die freie Wahl, uns für die Hölle oder den Himmel zu entscheiden.
Gott ist die Liebe.
Die Liebe ist die alldurchdringende ewige Weisheit in Person.
Gott in motivloser Liebe zu dienen, ist die Selbstverwirklichung der Seele.

Der Allbarmherzige

Den bösen Menschen, der aus der Hölle seines Hasses hasserfüllt nach Liebe schreit, zu verstehen und zu erhören und ihm den Strahl verstehender Liebe zu senden, ist Bermherzigkeit.
Gott ist der Allharmherzige.

Die Geduld in Person

Die Geduld zu üben ist der Weg,
voller Geduld zu sein das Ziel.
Die Geduld in Person ist Gott.

Autorenvita

Herr Hans-Erich Kirsch wurde 1957 im saarländischen Schmelz, Ortsteil Dorf, geboren und wuchs in einer katholischen Bergmannsfamilie auf, die nebenerwerblich Landschaftwirtschaft betrieb. Nach dem Aufbaugymnasium Lebach absolvierte er eine Ausbildung zum Kaufmann im Groß- und Außenhandel. Danach war er bis 1983 beruflich tätig. Von Beginn seines Lebens an wohnt er in Dorf im Bohnental, seit über zwei Jahrzehnten zusammen mit seiner Lebensgefährtin. Seit seiner Jugend ist Hans-Erich Kirsch schriftstellerisch tätig.
Er kann auf ein recht umfangreiches, zum Teil noch unveröffentlichtes Werk verweisen, das er auf Lesungen vorgestellt hat. Im Frieling - Verlag erschienen literarische Texte aus seiner Feder bislang in sechs Sammelwerken.
„Jedes Jahr, wenn der Kuckuck ruft" ist sein erstes Einzelwerk im edition Wort Verlag.

Bildnachweis

Umschlag, Hans-Erich Kirsch, Foto Fercho GmbH
Umschlag, Landschaft, Erwin Marx
Seite 4, Hans-Erich Kirsch, Foto Fercho GmbH
Seite 50, Getreidekasten, Historischer Verein Bohnental e.V.
Seite 51, Kartoffelernte, Bernhard Jäckel
Seite 62, Weihnachten, Erwin Jäckel
Seite 69, Die Kapelle, Bernhard Jäckel
Seite 84, Ritzelberg, Roman Blug
Seite 90, Gartenidiyll, Hanelore Kirsch